¡A comer!
TAMBIÉN
se aprende

EDICIONES PALABRA
Madrid

Diseño de cubierta: Equipo editorial
ISBN: 978-84-1368-375-1
Depósito Legal: M-12.075-2024
Impresión: Gohegraf, S. L.
Printed in Spain - Impreso en España

JOSÉ MANUEL MORENO

Director del departamento de Pediatría
en Clínica Universidad de Navarra (Madrid)

¡A comer!
TAMBIÉN
se aprende

PALABRA

Este libro lo he escrito con la colaboración de Teresa Pérez, Mª Eugenia Dulcich y Concepción Manrique (Área de Dietas de la Clínica Universidad de Navarra). Las recetas originales son de Xandra Luque.

Y, por último, deciros que los beneficios de la venta del libro serán destinados al programa **CUN te acompaña.**

ÍNDICE

PRÓLOGO

Toda mi vida profesional ha girado alrededor de la alimentación de los niños. No debe sonar extraño para un pediatra, pues constituye, sin duda, uno de los temas más habituales en las conversaciones con las madres y los padres en las consultas de sus hijos. De hecho, un crecimiento y un desarrollo adecuados a lo largo de toda la infancia son señal inequívoca de un buen estado de salud.

En una ya larga trayectoria profesional he tenido la oportunidad de ver cambios, a veces no tanto en el contenido —al fin y al cabo, la alimentación de los niños a lo largo de la historia de la Humanidad no ha cambiado tanto—, como en la forma de transmitir el mensaje y, en alguna medida, en las consecuencias a largo plazo de establecer unos buenos hábitos de vida, de los que la alimentación es un notable representante. Hemos pasado de la transmisión de los conocimientos de una generación a otra por la vía oral —la tradición— a ver una pléyade de nuevos interlocutores que «tienen» algo que decir cuando se trata de la alimentación de los niños, sobre todo de los bebés. Las madres —y digo así, «las madres», porque durante mucho tiempo fueron las encargadas principales de la alimentación de la familia— recibían de sus propias madres el consejo de cómo hacer la comida de sus hijos pequeños o, incluso, lo habían visto con sus propios hermanos pequeños cuando las familias eran extensas y los hermanos mayores tenían su papel en el cuidado de sus hermanos más pequeños. Esa transmisión se perdió casi con la generación de los *baby boomers* y ese consejo pasó a manos de los pediatras o de los puericultores, muchas veces bien asesorados por una auxiliar en la consulta que tantas veces lo había vivido de su propia mano. En este desarrollo rápido comenzaron a entrar rápidamente otros actores: la industria alimentaria, nuevas especialidades sanitarias con formación específica en el área de la alimentación y la nutrición humana, etc. Cada uno tenía algo nuevo que decir, a veces como recomendación, otras muchas veces —las más— de una forma asertiva muy marcada. Parecería que las familias tenían poco que aportar o que decir, que las madres —y los padres— deberían seguir aquello que los «expertos» recomendaban. Con la globalización de la información y la comunicación, de una forma progresiva pero muy rápida, algunas madres comenzaron a compartir sus experiencias de crianza y no sin cierta sorpresa —no sé si para ellas, pero al menos sí para mí— a ver que sus seguidores se contaban por cientos o por miles y que podían verdaderamente «influir» en la forma de dar de comer a los niños. Sin embargo, en la consulta de cada día sigo escuchando las mismas preguntas que cuando comenzaba. Padres con mucha información, pero también con mucho «ruido»: «No hay normas estrictas», «podéis hacer lo que consideréis más oportuno para vuestros hijos», «cread vuestra propia cultura gastronómica» ... o ideas semejantes.

Fruto de esa experiencia nace este libro. No se ha concebido como un Manual donde explicar los fundamentos que están detrás de cada paso en la alimentación de los niños, sino como respuesta a algunas de esas muchas preguntas que escuché en la consulta o que recibía de los lectores de una revista para padres con la que colaboré durante algún tiempo. De hecho, podría decir que son esas madres y esos padres los verdaderos instigadores de la idea madre del libro. Pero también en justicia he de decir que ha contribuido mucho a que me siente delante del papel ver cómo se trabaja en el Servicio de Dietas de la Clínica de la Universidad de Navarra. Su mimo en la elección de los productos y las formas de elaboración, su preocupación por adecuar el menú a las necesidades de cada paciente, el cariño que lleva cada plato. Para mí, que, también durante muchos años, he trabajado en la nutrición de los pacientes hospitalizados, en especial de los niños, esto tiene un valor impagable. Es una tarea intangible, pero, como el condimento en los platos, es lo que le da sabor y lo identifica con una cultura, con una forma de hacer las cosas. También, sin duda, es de agradecer el entusiasmo que desde la Editorial CIUDADELA han puesto para que no cejara en el empeño de verlo terminado. ¡Lo han conseguido!

La estructura del libro es sencilla. A lo largo de trece capítulos se abordan los distintos aspectos relacionados con la alimentación del bebé y del niño pequeño. Nos hemos detenido en esta edad por varias razones. Además de por intentar hacer un libro ágil, breve, por la importancia que esa etapa tiene para la salud a lo largo de toda la vida y porque es el momento en el que se establecen los hábitos alimentarios que perdurarán, con pocas modificaciones, durante todos los años posteriores. Hablamos de la alimentación de la mujer en el embarazo y antes de quedarse embarazada, de la lactancia y de la introducción de los alimentos en la dieta del bebé, de la actitud de los padres respecto a la comida de sus hijos, del papel del comedor en la escuela o de la importancia del juego, como la forma de hacer actividad física de los niños pequeños. En cada capítulo, después de una breve introducción, damos respuestas a un número pequeño de preguntas, motivo frecuente de consulta. Se acompaña de algunos datos curiosos que hemos agrupado bajo el epígrafe de «¿Sabías que?» y, cuando ha sido posible, de algunos datos en forma de tablas o figuras. Pero de la parte que puedo decir sin rubor que estoy más orgulloso es del material que han elaborado Teresa, Maru y Xandra bajo la dirección de Conchi Manrique y que hemos hecho accesible mediante los códigos QR: recomendaciones, recetas, consejos, etc. No paro de animarlas a que elaboren un libro en el que nos enseñen cómo lo hacen, en el que bajen mucho más a la arena... Lo que se muestra en el libro es como el tráiler de las películas: solo unas imágenes para que a uno le entren las ganas de verla completa. Os tiro el guante para el reto. Ojalá os decidáis a cogerlo.

Por último, tengo que dar las gracias a tantas familias que, durante todos estos años, antes en el hospital Doce de Octubre, y ahora en la Clínica de la Universidad de Navarra, me han confiado la atención de sus hijos. Un privilegio y un honor. También para aquellos a los que no supe o no pude ayudar. Vaya por ellos mi agradecimiento y mi compromiso de seguir haciéndolo mientras me lo permitan.

Las Navas del Marqués

INTRODUCCIÓN

Los platos, las recetas de cocina, reflejan el grupo humano al que se pertenece, su medio natural, su economía, su clima, sus tradiciones y costumbres. Incluso su filosofía, sus creencias y su modo de pensar. La comida y la cocina definen una cultura por aquello que come, aquello que no come, y cómo lo come. Pero la forma en que nos alimentamos está viva y se somete a cambios, los mismos que la sociedad de la que emana. Por eso podemos decir que la alimentación es un fenómeno social, diferenciador e identificador.

Como señalan Rueda y Martínez de Victoria, «la alimentación en el ser humano es más que una actividad meramente biológica, nutricional o natural: es un acto cultural complejo, creador de un lenguaje cargado de símbolos, capaz de mantener sentimientos y actitudes, esto es, una manera más de comunicarnos».

La manifestación más clara de esta realidad es que el hombre es el único animal que cocina y, podríamos añadir, es el único animal que cocina y comparte su comida en convivencia y cordialidad. Compartir alimentos en la mesa es uno de los lazos más fuertes de pertenencia al grupo. Se dice que una persona no es realmente amiga de otra hasta que la invitan —o invita— a comer a su casa. La primera comensalidad es la que se aprende y valora en la familia.

Dedicaremos un capítulo del libro a la importancia de la comida familiar.

La multiculturalidad en la que vivimos, fruto, por una parte, de la facilidad para viajar, pero también de la integración en nuestro medio de personas procedentes de otras culturas y tradiciones, pone de manifiesto el carácter social de la comida. ¿Por qué se come de forma tan distinta, incluso entre países vecinos? Tradicionalmente se ha señalado que esas diferencias se basan en cuatro principios básicos: la disponibilidad de alimentos, fruto del medio en el que se vive; las técnicas culinarias; los tipos de condimentos y, finalmente, los condicionantes culturales, ya sean de tipo religioso, económico o de estatus social. Pero también observamos diferencias entre las personas de una misma cultura o sociedad. Existen factores individuales que influyen en nuestra elección de un determinado tipo de alimentos o el rechazo de otros, entre los que el factor sensorial juega un papel importante. Hoy día tampoco podemos dejar de tener en cuenta la importancia que la publicidad o el *marketing* tiene a la hora de elegir un determinado alimento.

Junto a este papel cultural que tiene la alimentación, desde la Antigüedad los alimentos se han considerado un motivo de salud y de enfermedad, bien por defecto o ausencia o por exceso. Sin embargo, es en los tiempos más recientes cuando más se ha hablado de la alimentación como medio para garantizar la salud. En palabras de Grande Covián: «El hombre, en primer lugar, quiso comer para sobrevivir; luego quiso comer bien e incorporó la gastronomía a su mundo cultural. Ahora, además, quiere comer salud». Un ejemplo manifiesto es la categorización de algunos alimentos como «funcionales» (cuando además de satisfacer las necesidades nutricionales tengan cualidades beneficiosas para el organismo y puedan reducir el riesgo de enfermar), o los «superalimentos», en general, alimentos exóticos que la mayoría del público no conoce o está poco familiarizado con ellos. A menudo son semillas, bayas o productos desecados y en forma de polvo que se añaden en pequeñas cantidades a batidos, zumos, ensaladas o cualquier receta para mejorar su aporte nutricional y sus beneficios para la salud.

I

La historia
de la alimentación
de los niños

La alimentación de los niños ha ido cambiando en el tiempo acorde al cambio de la cultura o de la civilización en la que viviesen esos niños. La aparición de la agricultura, la producción industrial y la globalización son fenómenos que han afectado tanto a los niños como a sus familias.

Hasta muy recientemente, en la historia de la humanidad los niños eran amamantados durante un periodo prolongado, mayor que en las otras especies de mamíferos y muy en consonancia con la mayor dependencia para alimentarse por sí solos. Ese periodo de lactancia, inicialmente exclusiva, se sigue de un periodo en el que se combina la lactancia con la ingestión de otros alimentos. Sabiendo que la erupción de los primeros dientes ocurre alrededor de los seis meses, parece razonable pensar que ese periodo de introducción de nuevos alimentos comience en torno a esa edad. En una época de elevada mortalidad materno-infantil en la etapa alrededor del parto, tener dos fuentes de alimentación (la leche de la propia madre y otros alimentos) significaba una mayor posibilidad de supervivencia. En algunas culturas, la madre facilitaba el aprovechamiento de algunos alimentos accesibles premasticándolos, como es el caso de los cereales de grano.

Uno de los mayores problemas a los que se enfrentaban los recién nacidos era al fallecimiento de su madre en esas etapas tempranas, antes de que hubiera podido comenzar el destete, y que se asociaba a una muerte casi segura. Aunque la leyenda nos muestra casos de alimentación con la leche de otros mamíferos (Rómulo y Remo, los fundadores de Roma, cuenta la leyenda que fueron amamantados por una loba), los ejemplos son anecdóticos. Si bien se han encontrado utensilios para alimentar a los bebés desde 5.000 años antes de Cristo, la extensión de su uso no se produjo hasta el siglo XIX, coincidiendo con el desarrollo de los primeros sustitutos de la leche materna (las fórmulas infantiles), de las que hablaremos en el capítulo dedicado a la lactancia. Más exitosa fue la historia de las nodrizas. Un ama de crianza, ama de cría, ama de leche, nodriza o criandera es una mujer que amamanta a un lactante que no es su hijo. Esta práctica está actualmente en desuso en la mayor parte de países del mundo. El empleo de nodrizas se remonta a la prehistoria, y fue común hasta el siglo XIX y primeras décadas del siglo XX para alimentar a niños cuyas madres no podían o no deseaban amamantar a sus hijos.

La producción industrial de alimentos y la posibilidad de conservarlos refrigerados durante largo tiempo cambiaron la forma de comer de toda la sociedad y, por tanto, también de los niños.

El desarrollo económico, la globalización y la escasez de tiempo para dedicar a preparar las comidas empobrecieron los menús familiares en los países de rentas medias y altas en la segunda mitad del siglo pasado. La disponibilidad de alimentos baratos, altamente atractivos para los niños, con pobre valor nutricional y la pérdida de patrones alimentarios tradicionales (dieta mediterránea, platos de cuchara, consumo de legumbres, etc.), junto con el aumento del sedentarismo explican las elevadas tasas de obesidad infantil y juvenil actuales (figura 1).

SABÍAS QUE

Rómulo y Remo, los fundadores de Roma, fueron amamantados por una loba. Cuenta la leyenda antiquísima de los helenos que Eneas, príncipe de Dardania, escapó de la destrucción de Troya cargando a su padre, Anquises, sobre sus hombros y a su hijo Ascanio, aunque perdió en la fuga a su esposa, Creúsa, hija del rey Príamo. Esto sucedió en torno a 1184 a.C. Tres décadas después y tras varios periplos, Ascanio fundó la urbe de Alba Longa de la que fue su primer rey. Cuatro siglos después vendría el tiempo del rey Numitor. Numitor fue destituido por su hermano Amulio, que acabó con todos los hijos varones de aquel y convirtió a su única hija, Rea Silvia, en una virgen vestal para que así, al tener un voto de castidad, no tuviera descendientes, pero el dios de la guerra, Marte, se enamoró de la bella muchacha y la sedujo; de su unión se engendraron dos gemelos, Rómulo y Remo. Amulio, temeroso de tener en el futuro dos posibles rivales, ordenó su asesinato, pero el hombre encargado del infanticidio no pudo cometerlo y los abandonó a su suerte en el río Tíber. La corriente llevó la cesta en que estaban cobijados a un pantano llamado Velabrum, en un lugar entre las colinas Palatino y Capitolio llamado Cermalus. Ahí fueron cuidados y alimentados por una loba llamada Luperca y un pájaro carpintero, los animales sagrados de Marte. Poco después los encontró el pastor Fáustulo, que era porquerizo de Amulio, y decidió criar en secreto a los niños junto con su esposa Acca Larentia. Solo cuando crecieron les reveló su verdadera identidad y ellos decidieron hacer justicia. Mataron a Amulio y liberaron de su encierro a su abuelo, que fue repuesto en su trono.

Figura 1. Datos de la prevalencia de sobrepeso y obesidad en niños y niñas españoles de 6 a 9 años. Estudio ALADINO

Las nuevas generaciones preocupadas también por el cuidado de la tierra común, además de reconocer el papel de la alimentación en la atención a la salud, vuelven a mostrar interés por recuperar patrones de alimentación que, además de saludables, sean respetuosos con el medio ambiente.

La alimentación infantil en la cultura

Las canciones, los juegos y los refranes infantiles muestran la riqueza cultural en torno a las comidas de los niños. Algunos, como los refranes, recogen una sabiduría popular ancestral, otros, como los poemas y las canciones, traducen en juego actividades de la vida diaria. Mostramos a continuación algunos ejemplos:

Refranes:

1. El buen alimento cría entendimiento.
2. Una manzana al día aleja al médico de tu vida *(An apple a day, keeps the doctor away)*.
3. Mano que te da de comer no la has de morder.
4. «El aceite de oliva es armero, relojero y curandero».

CUENTOS:

Un cuento para comer

Había una vez... un guisante
Muy coqueto y elegante
Redondito y nutritivo.
¡Encajaba en el ombligo!
No aceptaba su destino
si lo iban a devorar.
Quería volverse perla
y ser cuenta de un collar.

Había una vez... un tomate
gordo y loco de remate.
Ser el rey de la ensalada
no le convencía nada.
Le parecía aburrido
acabar en cualquier plato.
¡Quería vivir en el circo!
¡Ser la nariz de un payaso!

Había una vez... lechuga
¡Qué esbelta y bella figura!
Como siempre está fresquita
a veces trae mariquitas!
Se ponía un poco mustia
de pensar en su destino.
¡Soñaba con ser volante
de un elegante vestido!

Había una vez... manzana
¡Qué rica por las mañanas!
Se devora en un instante y
deja los dientes brillantes.
Presumía de piel roja
en el recreo de los jueves.
¡Quería ser tan famosa
como la de Blancanieves!

Había una vez... repollo
¿De verdad crees que es
un rollo?
Al cortarlo por el medio
se parece a un gran cerebro.
No le hacía ninguna gracia
acabar en un puchero.
Quería estudiar para, un día,
ser balón de baloncesto.

Había una vez... pescado
¡No mires para otro lado!
Tenía sabor a olas,
a sol, a mar... ¡cómo mola!
Si te molesta en el plato,
piensa que él está peor:
siempre quiso ser pez globo
cuando se hiciera mayor.

Había una vez... lentejas
¿Te salen por las orejas?
Son simpáticas semillas
y saben de maravilla.
El viejo pasapuré
les daba un miedo
espantoso.

Querían ser lentejuelas
de un vestido muy
pomposo.
Si te lo has comido todo y
nada en el plato has dejado...
atención a la sorpresa:
¡Hoy, de postre, toca helado!

POEMAS:

El cocinero Fernando
pasaba el día pensando
—sin pensar en lo que hacía—
se le olvida echar la sal,
nunca pela las patatas
y le sale el guiso mal.
La paella sin arroz.
(¡Qué atroz!)
Lo peor fue el otro día...
encerrado en la cocina,
peló viva a una gallina
y en el horno la metió...
(Pasó un rato...)
Y la gallina gritó temblando:
«Fernando, Fernando,
o enciendes el horno
o me pones las plumas.
¡Que me estoy helando!».

(Gloria Fuertes)

CANCIONES:

Los Fruitis

El mundo de los *fruitis* es muy divertido
somos *fruitis*, dulces y ricos y verdes vegetales.
Vivimos en Volcanes, somos muy amigos
somos *fruitis*, buenos y traviesos y alegres vegetales.
Somos blancos, somos verdes, somos negros y amarillos
somos todos diferentes y estamos muy unidos (bis).
Gazpacho y Mochilo siempre van con Pincho
somos *fruitis*, socios y amables y tiernos vegetales.
Pumba está con nosotros siempre nos ayuda
somos *fruitis*, frescos y astutos y grandes vegetales.
Somos blancos, somos verdes, somos negros y amarillos
somos todos diferentes y estamos muy unidos (bis).

Comer es un placer
(Intérprete: Miliki).
«A mis niños de 40 años» (2008).

Si cocinamos con los más pequeños de la casa, esta canción les enseñará a comer de una manera saludable. Habla sobre las frutas, las verduras, la pasta, el pan...

El twist de los alimentos
(Intérprete: Cantajuego).
«Cantajuego», volumen 6 (2010)

Habla de los alimentos y de cómo combinarlos, por lo que para los que tenéis hijos os será de gran utilidad.

1. La alimentación no es exclusivamente la acción de nutrirse. Es también una acción cultural que nos sitúa en un lugar y un tiempo concreto en la historia y en el mundo.

2. La alimentación infantil se ha ido adaptando, además de a los condicionantes culturales y sociales, a los avances tecnológicos y a la globalización.

3. La cultura infantil incluye muchas referencias a la comida y a las distintas formas de comer.

Referencias

1. *Alimentación y Cultura: Antropología de la conducta alimentaria.* Juan Cruz Cruz, Pamplona, EUNSA, 1991.

2. *Comecuentos. Diez cuentos para abrir el apetito*. Joan de Déu Prats y Ester Llorens, publicado por Parramón, 2014.

Historia de la alimentación en el hombre

La alimentación de los seres humanos ha ido cambiando a lo largo del tiempo.

En un inicio, nuestros antecesores eran cazadores-recolectores que consumían los alimentos sin cocinarlos. Con el descubrimiento del fuego se empezaron a cocer los alimentos, un avance que permitió mejorar la asimilación de los nutrientes.

 En el neolítico aparecen la agricultura y la ganadería, lo que supone un cambio radical con la aparición de una dieta omnívora, integrada por verduras, frutas, cereales, como el trigo y la cebada, carne y pescado.

 Con el desarrollo de las civilizaciones, el ser humano formulará diferentes tipos de dieta, casi siempre con los cereales integrales como base, aunque seguirá siendo difícil tener una alimentación diversificada por las limitaciones del sistema productivo y el reparto desigual de recursos alimentarios en los estratos sociales.

 A partir de la Revolución industrial, en el siglo XIX, se va a producir una oferta más abundante de alimentos y los productos de origen animal serán más consumidos. Poco a poco disminuirán la inseguridad alimentaria y los problemas endémicos de malnutrición. La industrialización de la alimentación permite elaborar los alimentos a gran escala.

 Ya a lo largo del siglo XX se fue configurando la nutrición como una ciencia y se iniciaron los estudios epidemiológicos que relacionan tanto la virtud de ciertas dietas para promover la salud, como es el ejemplo de la dieta de los países mediterráneos, o los efectos perjudiciales de una alimentación insana.

2
La alimentación durante la etapa periconcepcional y el embarazo

INTRODUCCIÓN

Cada ver se da mayor relevancia a la importancia de la alimentación en los 1.000 primeros días de la vida del bebé, y las repercusiones que tiene sobre su salud no solo en el momento alrededor del nacimiento, sino también a lo largo de su vida.

Durante mucho tiempo, el consejo nutricional que recibía la mujer embarazada era que debía comer en mayor cantidad (es conocido el mito, ya refutado, de que «la mujer embarazada debe comer por dos»), sin tener en cuenta la situación nutricional de la mujer antes de quedarse embarazada. En las últimas décadas —el consejo basado en el mejor conocimiento de los cambios que ocurren en el organismo de la mujer embarazada y las repercusiones de una ganancia de peso excesiva o, por el contrario, escasa durante el embarazo— se ha ido individualizando. Además, cada vez se da mayor importancia a la situación nutricional de la mujer antes de quedarse embarazada, pero también a su condición física y, aunque en mucha menor medida, a la de su pareja, futuro padre de sus hijos.

Mejorar la alimentación de la futura mamá lleva a que se produzcan menos complicaciones durante el embarazo y

contribuye a disminuir el riesgo de desarrollar algunas enfermedades en la vida adulta de su descendencia: las conocidas
como enfermedades no transmisibles, muy relacionadas con
los hábitos de vida (Figura 1). Un ejemplo claro lo constituye
el uso de suplementos nutricionales, como vitaminas o minerales, durante el embarazo. La suplementación con ácido fó-
lico, preferentemente desde antes de la concepción, ha conseguido disminuir de forma drástica la incidencia de algunas
malformaciones congénitas, en especial los defectos del sistema nervioso central, como el mielomeningocele o la espina
bífida. Un aspecto de gran importancia es la seguridad de la
alimentación durante el embarazo. La manipulación higiéni-
ca de los alimentos y las precauciones que tiene que tomar
con algunos alimentos son puntos clave (tablas 1-3).

SABÍAS QUE

Se estima que el **coste energético del embarazo** oscila
entre 22.801 y 59.801 Kcal, lo que supone una energía ex-
tra de 124 a 251 Kcal al día. En las mujeres que realizan
una alimentación variada, con un buen estado de nutrición
y con un peso estable, no es necesario realizar un cálculo
exacto de las necesidades de energía. Al aporte energético
recomendado para su edad, talla, peso y actividad física se
deben añadir 340-450 Kcal/día durante el 2º y 3º trimes-
tre del embarazo y 500 Kcal/día durante la lactancia. Ello
garantizará una ganancia de peso adecuada y la recupera-
ción del peso previo a la gestación a los 6 meses del parto
si se mantiene la lactancia materna.

Recuerda estas normas básicas de manipulación higiénica de los alimentos

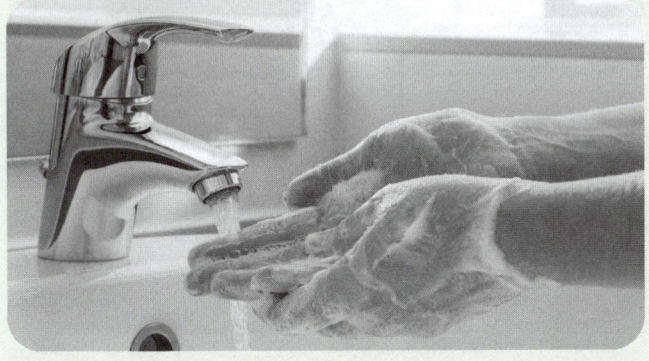

✓ Lávate las manos con jabón y agua caliente, al menos durante 20 segundos, antes y después de manipular los alimentos, tras conectar con cualquier material sucio (pañales, residuos, animales) y especialmente después de usar el cuarto de baño.

✓ Las manos, las superficies y los utensilios de cocina utilizados se deben lavar a fondo después de manipular carne, pescados, aves de corral, frutas y vegetales no lavados y cualquier otro alimento crudo.

✓ Guarda los alimentos cocinados en el frigorífico el menor tiempo posible y mantenlos en recipientes cerrados, separados y lejos de los quesos y los alimentos crudos. Si los compras ya cocinados, respeta la fecha que se indica en la etiqueta.

✓ Asegúrate de que tu frigorífico mantiene la temperatura correcta (4 °C o menor).

✓ Cuando utilices un horno microondas, presta atención a las instrucciones del fabricante para asegurar una temperatura uniforme y suficiente en los alimentos.

Precauciones que tienes que tomar con algunos alimentos

✓ Lava las frutas y hortalizas crudas. Puedes utilizar agua con lejía apta para desinfección del agua de bebida (consultar la etiqueta), a razón de una cuchara de café bien colmada (1,2 a 2 ml) de lejía por litro de agua. Sumerge las frutas y hortalizas durante al menos 10 minutos y después realiza un enjuaguado abundante con agua potable.

✓ Cocina completamente las carnes hasta alcanzar los 71 °C (debe cambiar de color en el centro del producto).

✓ Las comidas, así como las sobras de comida, no deben consumirse frías. Asegúrate de calentarlas a más de 75 °C.

✓ Si necesitas algún complemento alimenticio a base de vitaminas y minerales, toma solo aquellos que te prescriba tu médico.

✓ Lee detenidamente el etiquetado de los alimentos, especialmente las advertencias y condiciones de uso.

✓ Modera el consumo de cafeína de cualquier fuente (café, té, bebidas de cola, bebidas "energéticas", yerba mate...).

Alimentos que debes evitar durante el embarazo

✓ Grandes peces, como el pez espada, el tiburón, el atún rojo o el lucio.

✓ Leche cruda y quesos frescos o de pasta blanda (Brie, Camembert, tipo Brugos o quesos latinos, mozzarella y quesos azules) si en la etiqueta no dice que estén hechos con leche pasteurizada. Quesos rallados o lonchedos industriales. Quita la corteza de todos los quesos.

✓ Frutas y hortalizas crudas que no se hayan pelado o lavado y desinfectado previamente (incluyendo ensaladas embolsadas y las consumidas fuera de casa).

✓ Brotes crudos (soja, alfalfa...).

✓ Huevos crudos o preparaciones elaboradas con huevo crudo (salsas y mayonesas caseras, mousses, merengues y pasteles caseros, tiramisú, helados caseros, ponches de huevo...).

✓ Carne cruda o poco hecha (carpaccios).

✓ Productos cárnicos loncheados envasados. Estos alimentos sí pueden consumirse después de cocinarse a más de 71 ºC (en croquetas, rehogados, pizzas...).

✓ Si no estás inmunizada frente a la toxoplasmosis (consulta a tu médico), evita el consumo de productos cárnicos crudos curados (chorizo, salchichón, salami, jamón curado...).

✓ Patés que se vendan refrigerados.

✓ Pescado crudo (tipo sushi, sashimi, ceviche, carpaccios), pescado ahumado refrigerado o marinado, así como ostras, almejas o mejillones crudos.

✓ Sándwiches envasados y otros alimentos preparados que contengan vegetales, huevo, carne, fiambres, pescado y derivados.

✓ Consume solo zumos recién exprimidos o zumos envasados pasteurizados.

Una parte de los cambios que se producen en el cuerpo de la mujer durante el embarazo (aumento de la masa grasa, sobre todo) están encaminados a poder garantizar una alimentación adecuada para el bebé después del parto. La lactancia significa un aumento notable en las necesidades de energía y nutrientes en la madre, condicionadas en parte por esas reservas adquiridas durante la gestación. Aun así, la mamá que amamanta a su hijo debe aumentar su ingesta tanto de agua como de energía. Además, el contenido en alguno de los nutrientes de la leche materna está relacionado directamente con la propia alimentación de la madre, como es el caso de algunos minerales y vitaminas o el de determinados ácidos grasos. Como se comentará más adelante, la alimentación de la mujer durante el embarazo y la lactancia significa también la primera aproximación del bebé a los distintos sabores y facilitará la introducción más adelante de los nuevos alimentos en la dieta del niño.

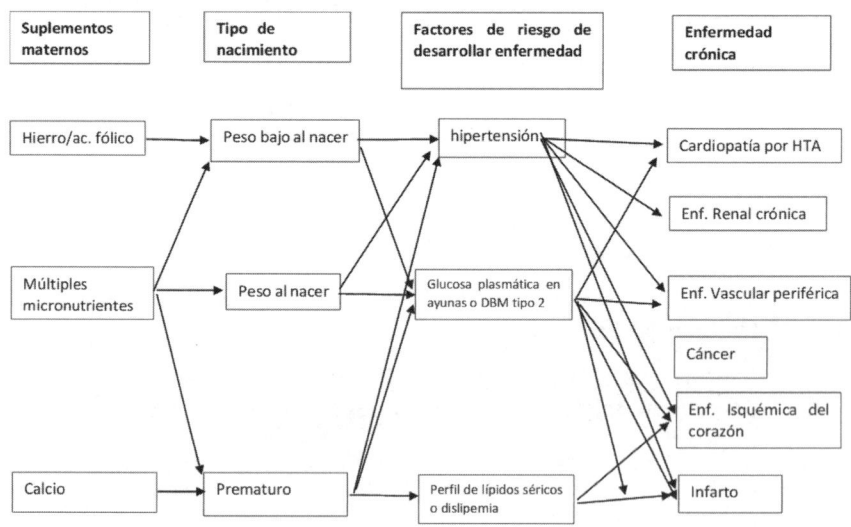

 TU PEDIATRA RESPONDE

Nos acabamos de casar y pensamos tener hijos; ¿hay algo que debamos cuidar especialmente en la alimentación? ¿Es cierto que hay alguna relación entre la calidad de la dieta y la fertilidad?

Cada vez se da más importancia a la salud de la mujer antes de quedarse embarazada para el buen desarrollo de la concepción y para evitar complicaciones durante el embarazo. Lo ideal es mantener un peso adecuado evitando tanto la desnutrición como el sobrepeso. También el realizar una actividad física regular. Estas recomendaciones son también válidas para el futuro papá, no solo por ser solidario con su pareja, sino también porque en menor medida contribuye a un mejor resultado de la gestación.

Aunque los datos científicos no son absolutamente concluyentes, hay indicios que apuntan a que la calidad de la dieta puede influir en la fertilidad. Así la adherencia a una dieta más saludable, por ejemplo, la dieta mediterránea, se asocia a una mayor fecundidad.

SABÍAS QUE

La **adherencia a un patrón de dieta mediterránea** se asocia a una mayor calidad del esperma y a una posibilidad de embarazo.

Soy mamá de una niña de 3 meses. He leído mucho sobre la importancia de mi alimentación para la salud de mi bebé. ¿Es cierto que puede influir en su desarrollo?

Es cierto. Ya durante el embarazo debe seguir una dieta equilibrada. Esta forma adecuada de alimentarse viene dada por la cantidad y tipo de nutrientes (hidratos de carbono, proteínas y grasas) que componen su dieta. En una dieta saludable, las proteínas deben aportar del 10-35% de la energía, las grasas del 20-35% y los hidratos de carbono del 45-65%. En nuestro medio, cualquier dieta normal, variada y no excluyente de alimentos, aporta la cantidad suficiente de principios inmediatos que garantiza la salud materna y el crecimiento y desarrollo fetal. La ingesta de agua recomendada durante el embarazo es de 2,0 l/día para las gestaciones únicas y 3,0 l/día para las gestaciones gemelares.

Pero esa influencia continúa después de dar a luz. La composición de la leche se ve influida por la dieta de la mamá, por ejemplo, el contenido en algunos ácidos grasos que tiene que ver con el desarrollo intelectual y con la inmunidad. Por eso se recomienda un consumo mínimo de pescado en ese periodo. Pero también más adelante, porque lo que ve comer en la mesa de su casa constituirá la base de sus hábitos alimentarios futuros.

Estoy embarazada. ¿Cuánto peso debo ganar durante el embarazo? ¿Debo comer más de lo que como habitualmente? ¿Hay algún alimento que deba evitar?

La dieta de la embarazada debe contener un aporte calórico suficiente, adecuado para asegurar su propia salud y la del bebé, ya que desde el punto de vista nutritivo la dependencia del bebé del organismo materno es total. Todos los nutrientes que recibe le son transferidos desde la madre a través de la placenta. Las mujeres sanas con una alimentación normal antes del embarazo suelen afrontar la gestación con reservas energéticas suficientes para lograr un crecimiento y desarrollo fetal normal. La valoración del estado nutricional de la mujer al comienzo del embarazo mediante el cálculo del índice de masa corporal, IMC (cociente entre el peso en kilogramos y la talla en metros elevada al cuadrado: kg/m^2), es una recomendación útil y en muchos casos imprescindible para planificar correctamente tanto la ganancia óptima de peso, como la alimentación y suplementación de nutrientes que va a requerir durante el periodo gestacional. El IMC permite definir el estado nutricional de un individuo como delgadez (IMC < 18,5 kg/m^2), normopeso (IMC: 18,5-24,9 kg/m^2), sobrepeso (IMC ≥ 25,0 kg/m^2) y obesidad (IMC ≥30 kg/m^2). La gestante sana no debe restringir la ingesta de energía para minimizar la acumulación de grasa, a menos que sea obesa o que aumente excesivamente de peso. Para una mujer bien nutrida la ganancia de peso normal al final del embarazo oscila aproximadamente entre 11 y 16 kg. La ganancia de peso durante el embarazo tiende a ser menor cuanto mayor es el IMC previo.

Cuando hay un único bebé, las recomendaciones de ganancia de peso según el IMC son:

— Con un peso normal (IMC: 18,5 y 24,9 kg/m^2): entre 11,5 y 16 kg de peso.

— Con un sobrepeso (IMC: 25 y 29,9 kg/m^2): entre 7 y 12,5 kg de peso.

— Con una obesidad (IMC ≥ 30 kg/m^2): entre 5 y 9 kg de peso.

En mujeres con embarazos gemelares, son algo distintas a las de las gestaciones únicas, con lo que se asume que la ganancia de peso debe ser mayor:

— Con un peso normal (IMC: 18,5 y 24,9 kg/m^2): entre 16,8 y 24,5 kg de peso.

— Con un sobrepeso (IMC: 25 y 29,9 kg/m^2): entre 14,1 y 22,7 kg de peso.

— Con una obesidad (IMC ≥ 30 kg/m^2): entre 11 y 19,1 kg de peso.

¿Por qué durante el embarazo tengo que tomar hierro y algunas vitaminas si llevo una dieta equilibrada?

Si bien una dieta equilibrada proporciona todos los nutrientes, las necesidades fisiológicas de algunos nutrientes son difíciles de cubrir a partir de los alimentos ordinarios. Por este motivo se recomienda suplementar con aquellas vitaminas y minerales cuyas necesidades son mayores y cuya deficiencia se asocia a riesgos para la salud de la madre o del bebé (tabla 4).

Tabla 4. Principales nutrientes que se recomienda suplementar en el embarazo. Beneficios reportados por la literatura y dosis diarias aconsejadas.

Nutriente	Beneficios reportados por la literatura	Ingesta recomendada como suplemento
Ácido fólico (Vitamina B_9)	• Prevención del síndrome de espina bífida • Disminución de la tasa de labio leporino y de defectos del tubo neural	• 400 mcg/día • En mujeres con antecedentes o riesgo de malformaciones congénitas: 4mg/día
Vitamina B_{12}	• Facilita la captación del ácido fólico y ejerce un efecto protector e independiente del mismo en la prevención de defectos del tubo neural	• 2,5 mcg/día
Hierro	• Prevención de la anemia en el embarazo	• Dosis diaria de las distintas sales: equivalente a aproximadamente 30 mg de hierro elemental
Yodo	• Precención de alteraciones en el desarrollo cerebral y neurológico del feto (incluyendo retraso mental y parálisis cerebral evitable)	• 200 mcg/día
Ácidos grasos omega-3 de cadena larga	• Mejor desarrollo de la función visual del sistema nervioso del feto • Menor probabilidad de parto pretérmino y de desarrollo de hipertensión	• DHA: 200 mg/día

En el caso de mujeres embarazadas con dietas restrictivas, por ejemplo, mujeres veganas, las necesidades de nutrientes específicos son todavía mayores.

1. Es importante cuidar la alimentación en todas las etapas de la vida, pero especialmente durante el embarazo.

2. Una embarazada no necesita comer una cantidad mayor de alimentos que lo que tomaba antes del embarazo. No se trata de comer por dos ni de comer para dos.

3. El seguimiento de una dieta saludable, por ejemplo, la que presenta el modelo de la dieta mediterránea, puede contribuir a llevar un mejor embarazo y a la salud futura del bebé.

4. El primer contacto con los sabores se produce ya en el seno materno, a través de la alimentación de la mamá.

Referencias

1. *Mamá come sano. Alimentación saludable en el embarazo y la lactancia.* Julio Basulto. 2015, 296 páginas.

2. *Libro Blanco de la Nutrición Infantil en España. Módulo I: alimentación en la mujer en etapas preconcepcional, embarazo y lactancia,* Zaragoza, 2015.

QR

Cogollos de aguacate

¿Qué comer durante el embarazo?

Lo bueno		Lo malo	
 Avena	 Pescado graso aprobado	 Huevos crudos	 Carne cruda
 Vegetales	 frutos secos	 Pescado Crudo	 Exceso de cafeína
 Legumbres	 Aguacate	 Alcohol	 Ciertos tipos de pescado
 Carnes magras	 Yogurt		

3

La importancia de los 1.000 primeros días

INTRODUCCIÓN

Siempre nos ha preocupado que nuestros niños coman de una forma adecuada para que crezcan de una forma sana. Sobre todo, la preocupación de los padres se centraba en que fuera una alimentación suficiente, sin carencias. En estas últimas décadas, esta preocupación ha derivado hacia el exceso de peso, tanto sobrepeso como obesidad franca. Los datos del estudio ALADINO 2019 muestran que alrededor de un 40% de los niños españoles entre 6 y 9 años presentan un exceso de peso. El análisis de las causas no es simple e intervienen factores relacionados con la alimentación, pero también con la actividad física, y el sedentarismo, en cómo ocupan su tiempo libre nuestros niños y jóvenes.

En esta ecuación intervienen también, aunque con un peso menor, los condicionantes genéticos y, en los últimos años, se ha destacado el papel que juegan los eventos que ocurren en los primeros años de la vida del niño. Se trata de una etapa de gran crecimiento y maduración de todos los órganos y sistemas del organismo, pero también la etapa en la que se adquieren los hábitos, los gustos y las preferencias alimentarias.

Las investigaciones en modelos animales primero, y luego el seguimiento de poblaciones nacidas durante periodos de gran hambruna (por ejemplo, durante el cerco de Leningrado o la gran Hambruna holandesa durante la II Guerra Mundial) han mostrado que la alimentación durante las etapas tempranas de la vida puede influir en el desarrollo y en la aparición de enfermedades en la edad adulta. En 1991, Lucas propuso aplicar el término «programación» cuando un estímulo en un periodo sensible del desarrollo («periodo crítico») ocasiona efectos a largo plazo o de por vida en un individuo.

Desde una perspectiva antropológica, los cambios que se producen durante esos periodos críticos en respuesta a la acción del ambiente, actuarían como un ajuste del organismo a estos estímulos precoces, con el fin de prepararlo para la exposición al medio que presumiblemente se encontrará después (adaptación biológica). Por ejemplo, nacer pequeño es una ventaja adaptativa si el ambiente extrauterino es de escasez. Sin embargo, puede ocurrir que esos cambios tengan un sentido contrario a la adaptación o, más frecuentemente, que no sirvan para el ambiente al que realmente el organismo se enfrentará posteriormente (mismatch). Tomando el mismo ejemplo, nacer pequeño y encontrarse con un mundo de abundancia.

Por tanto, la alimentación de la mujer durante el embarazo y la del niño en los dos primeros años de vida (los primeros 1.000 días, periodo comprendido entre el momento de la concepción y el final del segundo año) resultan cruciales para el desarrollo y la salud del bebé en ese momento y en etapas posteriores (figura 1).

No se trata solo de recomendar una «dieta sana» y de aportar una cantidad suficiente de energía para garantizar un crecimiento adecuado, sino de optimizar el aporte de nutrientes al niño en desarrollo, lo que supondrá una verdadera «programación nutricional temprana».

Aunque en los siguientes capítulos del libro hablaremos de las características de la alimentación del niño en cada etapa, dedicando un espacio mayor a los primeros años de vida, nos ha parecido interesante detenernos en este aspecto: la trascendencia que tiene para la salud a lo largo de la vida elegir las mejores opciones desde el principio. Igual que si un barco al partir del puerto se equivoca en unos grados en su plan de viaje le lleva a un lugar alejado del inicialmente previsto, un mal comienzo en los primeros pasos de la alimentación se asocia a mayores inconvenientes para la salud. Viéndolo con un sentido positivo, las actuaciones durante esos periodos críticos del desarrollo obtienen mejores resultados de salud que cuando se llevan a cabo más tarde. Cuanto más tardía es la intervención, más costosa y con peores resultados (figura 2). De ahí la trascendencia de las recomendaciones sobre la alimentación en esta etapa.

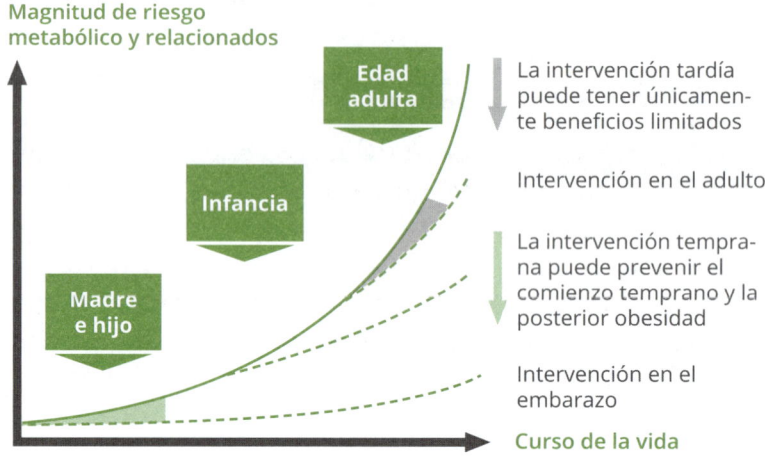

Magnitud de riesgo
metabólico y relacionados

Edad adulta

Infancia

Madre e hijo

La intervención tardía puede tener únicamente beneficios limitados

Intervención en el adulto

La intervención temprana puede prevenir el comienzo temprano y la posterior obesidad

Intervención en el embarazo

Curso de la vida

Figura 2: Evolución dek riesgo metabólico (adaptado de Godfrey, 2010[2])

TU PEDIATRA RESPONDE

Hemos visto en las consultas del pediatra que siempre, además del peso y de la talla, nos hablan de los percentiles. Entendemos que cuanto mayor sea el percentil, mejor. ¿Es así?

Lo mejor es comenzar explicando qué son los «percentiles» y por qué en las consultas de pediatría hablan siempre de ellos. Cuando vamos por la calle, vemos que no todo el mundo es igual, no tiene el mismo tamaño, y que generalmente las mujeres son de menor tamaño que los varones. Podríamos colocar a todos en una fila y ver cuántas personas son más altas que nosotros y cuantas más bajas. En resumen, nos colocaría en nuestro percentil. El percentil de un bebé o un niño es un dato que se obtiene de la comparación de la medida de longitud, peso o perímetro craneal de un bebé o un niño con las medidas tomadas a un gran número de bebés o niños de la misma edad (figura 2). Ejemplo: si el niño está en un percentil 40 de longitud, estadísticamente dicho niño es más largo (o alto) que el 40% de los niños de su edad, y más bajo que el 60% de los niños de su edad.

P_{25}=10.5

25% por debajo   75% por encima

Las gráficas de percentiles y las curvas de crecimiento estándar son una ayuda muy importante a la hora de detectar anomalías en el desarrollo normal de un niño. Dichas anomalías pueden detectarse observando las desviaciones que se produzcan en las diversas medidas que se le toman al bebé o al niño de forma periódica. Por lo tanto, un único valor (un peso o una talla) tienen un valor muy relativo y hay que considerarlas dentro del patrón de crecimiento de ese niño o niña (curva o gráfica de crecimiento).

Como señalábamos más arriba, lo importante no es estar en uno u otro percentil, sino mantener una trayectoria coherente, ya sea del percentil 3, el 50 o el 98. Lo que debe ser motivo de consulta son las desviaciones del percentil a lo largo de un periodo, tanto hacia arriba (por ejemplo, pasar del percentil 10 al percentil 95 en 6 meses) como hacia abajo (bajar del percentil 98 al percentil 10 en ese mismo periodo). El pediatra, a la vista del patrón de crecimiento y de otros datos de la historia y de la exploración física, valorará cuándo es necesario realizar algún estudio complementario o no. Yo comento muchas veces en la consulta que a veces padecemos «percentilitis» —y algunas veces los pediatras somos algo responsables de esto— cuando en vez de valorar al niño en su conjunto, nos fijamos como único dato en qué percentil está. Y en este mundo en el que parece que siempre «más es mejor», todavía es más relevante. Os propongo un ejercicio tranquilizador: poned el peso o la longitud de vuestro hijo en diferentes gráficas de crecimiento y veréis cómo, sin cambiar la medida del peso o de la talla, cambia el percentil. Solo es cuestión de ver con quién nos comparamos.

Nuestro hijo nació con un bajo peso y nos preocupa que eso tenga consecuencias a largo plazo. ¿Es bueno que complementemos o reforcemos su alimentación para que gane peso más rápidamente?

Más que tener en cuenta el valor del peso o de la talla al nacer, hay que ver cómo sigue creciendo, e intentar que se coloque en el percentil que le correspondería genéticamente (el de sus padres) de una forma gradual. Sería como circular por el carril que corresponde. Desde el punto de vista de la programación metabólica o nutricional, lo más peligroso es cambiar de carril bruscamente. Varios estudios han demostrado que los recién nacidos con bajo peso que a los 2 años están en percentiles altos (> percentil 90) tienen un riego más elevado de desarrollar obesidad ya en los años de la infancia. Siguiendo un sabio consejo: «Vísteme despacio, que tengo prisa».

Por lo tanto, lo importante no es hacer que un niño coma más para que gane peso más rápidamente, sino que coma lo que necesita. Erróneamente podemos pensar que si come más crecerá más, cuando excepto para los casos de situaciones crónicas de pobreza, lo que llevará es a que crezca igual, pero engorde más.

En nuestra familia somos todos «gorditos». ¿Es porque genéticamente estamos más predispuesto a engordar?

Todavía nos falta bastante por entender los mecanismos que llevan a la obesidad en un individuo concreto, pero es cierto que no existe obesidad cuando no hay comida. Es decir, que para que una persona engorde tiene que comer y hacerlo en mayor cantidad —o densidad energética— de lo que necesita. Pero entonces me preguntaréis: ¿por qué algunas personas comiendo lo mismo engordan y otras se mantienen tal cual? Y es aquí donde todavía nos queda por aprender. Por una parte, no todas las personas se mueven lo mismo. Y cuando digo moverse, no me refiero solo a que hagan una determinada actividad física, sino que en su vida cotidiana sean más activos o más pasivos. Pero también sabemos que existen algunos condicionantes genéticos que influyen en cómo el cuerpo metaboliza los alimentos. Más recientemente se ha despertado el interés en saber cómo influye la composición de nuestra microbiota intestinal (las bacterias que colonizan nuestro intestino) en el riesgo de ser obesos. Y todos estos condicionantes influyen desde los primeros momentos.

SABÍAS QUE

Las gráficas de crecimiento utilizadas con mayor frecuencia, las de la Organización Mundial de la Salud, OMS, se obtuvieron a partir de un estudio realizado entre 1997 y 2003. Dicho estudio se realizó con 8.500 niños de 0 a 6 meses de diferentes países (India, Brasil, EE. UU., Omán, Noruega y Ghana), alimentados solo con leche materna en los 7-12 meses de vida.

◀◀ REBOBINANDO

1. Los primeros 1.000 días de la vida del bebé (incluida su gestación), según la evidencia científica, son cruciales para alcanzar el mejor desarrollo y salud a lo largo de su vida.

2. La elección del tipo y cantidad de alimento en los primeros años de vida es un condicionante sobre el riesgo de padecer enfermedades metabólicas más adelante.

3. Más que un valor concreto de peso o de talla, es importante que el niño siga una curva de crecimiento adecuada.

4. La predisposición genética a ganar peso en determinadas personas tiene un papel menos relevante de lo que se piensa.

Referencias

1. *Los primeros 1.000 días: una oportunidad para reducir la carga de las enfermedades no transmisibles.* Jose Manuel Moreno Villares y cols. Nutrición Hospitalaria 2019, vol. 36, n. 1, pp. 218-232.

2. *Los primeros 1.000 días: Hábitos para un embarazo, una infancia y una vida saludables.* Elisabet Silvestre, Elena Codina · 2024, Ed. Integral (formato electrónico).

Los primeros 1.000 días
¿Por qué son tan importantes?

Porque 4 de cada 10 niños y niñas padecen sobrepeso u obesidad

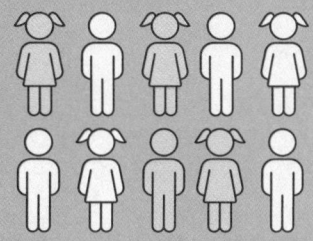

270 días
Embarazo

Lleva una alimentación saludable

Come pensando en 2. ¡Pero no comas por 2!

Alimentación segura durante el embarazo

Actividad física moderada

Di adiós a los hábitos nocivos

365 días
Primer año de vida

1/6 meses

La lactancia materna exlusiva durante este tiempo.

La lactancia materna es beneficiosa para los dos.

Al usar otros alimentos, revisa los azúcares y grasas.

Cuidar el mantenimiento de la lactacia materna es labor de todos.

2/6 meses

Lactancia materna junto con otros alimentos hasta los dos años de edad o más.

A partir de los 6 meses de edad, las necesidades nutricionales de un bebé aumentan.

Los bebés deben experimentar con una amplia variedad de sabores.

365 días
Segundo año de vida

Es muy importante que le incorpores a la mesa familiar y al ocio activo.
Pues sera una forma divertida de aprender y adquirir hábitos saludables.

4
La alimentación
del primer
año de vida

Lactancia materna

- El amamantamiento proporciona contacto físico a los bebés, lo que les ayuda a sentirse más seguros, cálidos y consolados.

- Los niños amamantados tienen un mejor desarrollo dental, con menos problemas de ortodoncia y caries.

- Potencia el desarrollo intelectual gracias a que la leche materna tiene componentes específicos que son fundamentales para el desarrollo del cerebro.

- La leche materna se digiere mejor y tiene efectos positivos a largo plazo sobre la salud del niño disminuyendo el riesgo de que padezca alergias, diabetes, enfermedad celíaca, enfermedad inflamatoria intestinal, obesidad, hipertensión o cifras altas de colesterol.

- La leche humana es el alimento de elección para todos los niños, incluidos los prematuros, los gemelos y los niños enfermos.

Para la sociedad y el medio ambiente:

- Es gratuita. Supone un ahorro en concepto de fórmulas artificiales, biberones y otros utensilios usados en la preparación de las fórmulas.

- Al disminuir las infecciones y la gravedad de las mismas, reduce los gastos médicos y los problemas laborales y familiares que dichas enfermedades suponen para los padres y la sociedad.

- La leche materna es un recurso natural que no contamina y protege el medio ambiente ya que no produce residuos, ni necesita envases ni tratamientos especiales que requieran gasto energético en su elaboración ni emisiones de CO_2.

Sin embargo, las tasas de cumplimiento de esta recomendación de la OMS siguen siendo bajas. En España, según datos del INE en 2021, esta tasa es del 28,53% y la de la mixta es del 18,42%. Es decir, que la tasa de mujeres que llegan a amamantar hasta los 6 meses (solo pecho o pecho y biberón) es del 46,95%. Aunque hay mujeres que libremente deciden no dar el pecho a sus bebés, hay muchas otras que, pese a desear hacerlo, encuentran multitud de obstáculos. Barreras que finalmente las llevan a abandonarla. Las principales causas de abandono o no inicio de la lactancia son: parto traumático; depresión posparto u otra afección psicológica, incorporación temprana al trabajo, problemas con la lactancia o un bajo nivel educacional. Existen numerosas iniciativas encaminadas a resolver las dudas y los problemas de las mujeres durante el amamantamiento, entre otros, los Grupos de Apoyo a la Lactancia de carácter local, creadas activamente por madres que lactan o han lactado a sus hijos de una forma satisfactoria.

Si a pesar de todo no es posible amamantar al bebé, se dispone de fórmulas infantiles, sustitutos de la leche materna, seguras y eficaces para garantizar un crecimiento y un desarrollo adecuados en el niño. Distinguimos entre los preparados o fórmulas para lactantes, para los bebés entre 0 y 6 meses y preparados o fórmulas de continuación, por encima de los 6 meses.

SABÍAS QUE

Existe una semana en el mes de agosto en la que se celebra la Lactancia Materna. En Europa, al ser agosto periodo típicamente vacacional, la Semana Mundial de la Lactancia Materna (SMLM) se traslada de común acuerdo a la semana 41 del año. Este es el origen de la semana «europea». La fecha se escogió entendiendo que en un embarazo que empezase el 1 de enero, la semana más probable de parto y por tanto de inicio de la lactancia sería la semana 41, o sea, a principios de octubre. De forma consensuada, en España, la mayoría de los grupos de apoyo a la lactancia materna inician la celebración de la Semana de la Lactancia Materna el primer domingo de octubre con diversos actos conjuntos, y la difusión de un manifiesto cuyo contenido refleja el lema elegido por la Alianza Mundial para la Acción en Lactancia Materna (World Alliance for Breastfeeding Action, WABA) para la SMLM de cada año. El lema del año 2022 es «Impulsemos la Lactancia Materna: Apoyando y Educando».

 TU PEDIATRA RESPONDE

¿Cómo sé si tengo leche suficiente? ¿Pierde calidad la leche materna a lo largo de los primeros meses de vida del bebé?

La subida de la leche es una de las inmediatas preocupaciones para las madres tras el parto, ya que se trata de la forma de alimentar al recién nacido. Normalmente es un acto fisiológico de su cuerpo, que tiende a ocurrir de manera natural en los primeros días después de dar a luz, aunque en el caso de retrasarse o complicarse, existen medidas para facilitarlo. El mejor estímulo para la producción de leche es la succión del bebé, por eso es importante facilitar desde el primer momento —ya en la sala de partos— el contacto del bebé con la madre («piel-con-piel») y facilitar la cohabitación desde los primeros momentos. Una vez bien establecida la lactancia, en general la producción de leche de cada madre se adecua a las necesidades de cada bebé y la falta de leche (hipogalactia) es excepcional.

A lo largo de la toma, la leche materna va variando su composición para adaptarse a la perfección a las necesidades del bebé lactante. El pecho nunca se vacía por completo, aunque no está preparado para almacenar, sino para producir, por lo que la mayor parte de la leche se produce durante las tomas. La leche materna también va variando su composición a lo largo de todo el periodo de lactancia, para adaptarse a las diferentes necesidades nutricionales que tiene el bebé en las diversas fases de su desarrollo y crecimiento, pero nunca pierde calidad y su contenido en energía y en la mayoría de los componentes se mantiene relativamente estable. La razón de incorporar otros alimentos en la dieta del bebé no es porque la leche pierda «calidad», sino porque aumentan las necesidades de algunos nutrientes que la leche materna no contiene en las cantidades suficientes (por ejemplo, el hierro), pero de estos aspectos se hablará en el capítulo de alimentación complementaria.

He leído que la cerveza puede ayudar a aumentar la producción de leche, ¿es cierto?

Aunque a nivel popular existe la creencia de que hay muchas plantas y hierbas que aumentan la producción de leche, la evidencia científica indica lo contrario e incluso señala a algunas de ellas como potencialmente peligrosas para la lactancia, ya que pueden disminuir la cantidad de leche, o para el bebé, si su madre la consume en exceso.

La levadura de cerveza puede aumentar los niveles de prolactina en sangre, lo que se traduciría en un aumento de producción de leche. Pero su eficacia es controvertida. El consumo de alcohol durante la lactancia está contraindicado.

Lo que verdaderamente favorece la producción de leche es, por una parte y como hemos comentado anteriormente, un buen enganche del niño y una lactancia a demanda en los primeros días de vida. Y, por parte de la madre, los factores básicos del éxito relacionados con la madre son:

- Que la madre tenga un fuerte deseo de amamantar al niño.
- Que tenga confianza en sí misma, en su capacidad de producir leche.
- Que tenga acceso a información y conozca el funcionamiento del proceso.
- Que no existan patologías de la madre que puedan afectar a la capacidad de producir leche.
- Que la estimulación del pecho y el pezón sea correcta.
- Que la madre disponga de un buen sistema de apoyo, que la ayude y refuerce su confianza.

¿Si estoy tomando un medicamento, debo suspender la lactancia?

Muchas madres que dan pecho a sus hijos después del parto han de tomar algún tipo de medicamento de manera ocasional o continuada, surgiendo de este modo la duda sobre si debe interrumpirse la lactancia o no. En general, la mayoría de los medicamentos que una paciente ingiere se excretan en mayor o menor medida por la leche. Casi todos ellos, en pequeñas cantidades. Aunque de algunos fármacos no hay suficientes datos sobre su uso seguro durante la lactancia, disponemos de algunas herramientas que recogen la información actualizada y permiten dar un consejo seguro a las mamás y papás. En España podéis encontrar una información clara en la siguiente página web:

https://www.e-lactancia.org/. En todo caso, conviene consultar siempre con el pediatra o con el ginecólogo.

Al final no he podido seguir amamantando a mi bebé y he de darle una fórmula: ¿existe algún riesgo? ¿Cómo sé cuál elegir?

Las fórmulas infantiles son productos elaborados tomando como base leche de vaca o de cabra y adaptándola para semejar en la medida de lo posible la composición de la leche materna. El mejor conocimiento de los componentes de la leche humana y de su función ha permitido que cada vez los sucedáneos de la leche materna se vayan pareciendo más a la composición de la leche materna, aunque nunca podrán ser una copia exacta. La composición de las fórmulas infantiles está regulada de una forma muy estricta en la Unión Europea, tanto en la cantidad de sus componentes como en sus fuentes de origen, para garantizar tanto su seguridad como su eficacia en conseguir un crecimiento y desarrollo adecuados. Esta normativa es revisada con regularidad a la luz de los conocimientos actuales y de obligado cumplimiento para todos los países miembros de la Unión Europea. Con el fin de no realizar una competencia con la lactancia materna, la legislación regula muy estrechamente también la publicidad sobre los sustitutos de la leche materna y las alegaciones de salud. Por ejemplo, no puede realizarse publicidad directa a los consumidores sobre las fórmulas para lactantes o la prohibición de regalar muestras de las mismas o disponer de envases a la vista en los hospitales o centros de salud.

Las diferencias entre los distintos productos disponibles en el mercado se basan en las estrategias de innovación y desarrollo en algunos nuevos componentes y que suelen significar un «sello de marca» pero, como comentábamos anteriormente, todos los preparados para lactantes y preparados de continuación para bebés sanos deben seguir las indicaciones recogidas en la Reglamentación Técnica específica sobre su composición.

Existe también una obligación de informar a las mamás que no pueden o no quieren amamantar para que realicen una lactancia artificial segura, que incluya la preparación de los biberones o indicaciones sobre cómo conservar los envases abiertos de fórmulas en polvo o de la fórmula ya reconstituida.

SABÍAS QUE

Los **bancos de leche** guardan leche materna para los recién nacidos cuyas madres no pueden dar el pecho. Los bancos de leche institucionales tienen como fin ayudar a bebés de diferentes edades y condiciones, debido a que la leche materna es el alimento más completo que pueden recibir, y a que esta puede ser almacenada hasta por seis meses. La reserva se suministra en primer término a bebés prematuros o sometidos a intervenciones quirúrgicas, pero también a alérgicos, huérfanos, aquellos cuyas madres no producen leche o no lo hacen en cantidad suficiente, o a los que presentan enfermedades infecciosas crónicas, deficiencias inmunitarias o circunstancias especiales. En España existe la Asociación Española de Bancos de Leche (https://www.aeblh.org/)

Has elegido la fórmula para tu bebé con cuidado, ¿pero la preparas correctamente? Sigue estos pasos para garantizar la nutrición adecuada y evitar enfermedades relacionadas con la alimentación.

1. **Verifica la fecha de caducidad.** Busca la fecha de caducidad o la leyenda «usar antes de» en el envase de la fórmula para bebés. Si ha pasado la fecha de caducidad, no puedes garantizar la calidad de la fórmula. No compres ni uses fórmula para lactantes vencida.

2. **Lávate las manos**. Antes de preparar la fórmula, lávate bien las manos con agua y jabón. Sécate bien las manos. Asegúrate de que el área donde prepararás la fórmula esté limpia.

3. **Preparar el biberón.** Esteriliza los biberones, las tetinas, las tapas y los anillos antes de usarlos por primera vez. Puedes hervir el biberón y los accesorios en agua durante cinco minutos, usar una bolsa esterilizadora para microondas, o bien, un esterilizador eléctrico de vapor.

Después del primer uso, normalmente no es necesario volver a esterilizar el biberón y los accesorios. Lava estos utensilios con agua caliente y jabón. Los cepillos para limpiar biberones y tetinas pueden ser útiles para limpiar los lugares difíciles. También puedes usar el lavaplatos.

Sin embargo, si tu bebé es menor de 3 meses, nació prematuramente o tiene un sistema inmunitario comprometido, podrías considerar continuar desinfectando los elementos para alimentarlo.

4. Agrega agua a la leche de fórmula en polvo.

Si usas fórmula en polvo, deberás agregarle agua. Sigue las indicaciones del fabricante respecto de la cantidad de agua adecuada.

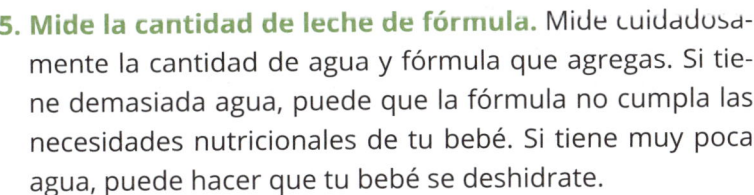

Para preparar la fórmula en polvo o líquida concentrada, puedes usar cualquier tipo de agua limpia (corriente o embotellada). Si usas agua del grifo, hiérvela por un minuto y enfríala hasta que tenga la temperatura corporal, 37 °C.

5. Mide la cantidad de leche de fórmula. Mide cuidadosamente la cantidad de agua y fórmula que agregas. Si tiene demasiada agua, puede que la fórmula no cumpla las necesidades nutricionales de tu bebé. Si tiene muy poca agua, puede hacer que tu bebé se deshidrate.

Para la leche de fórmula lista para usar:

- Vierte la cantidad de leche de fórmula suficiente para una ración en un biberón limpio.

- Usa solo leche de fórmula; no agregues agua ni ningún otro líquido.

- Agrega la tetina y la tapa al biberón.

Para la leche de fórmula en polvo:

- Determina la cantidad de leche de fórmula que deseas preparar y sigue las instrucciones del envase.

- Mide la cantidad de agua necesaria y agrégala a un biberón limpio.

- Usa la cuchara incluida en el envase de la leche de fórmula para agregar la fórmula en polvo. Agrega la cantidad de cucharadas necesaria al biberón.

- Coloca la tetina y la tapa al biberón y agita bien.

6. **Calienta la fórmula, si es necesario.** Está bien darle a tu bebé la fórmula a temperatura ambiente o incluso fría. Si tu bebé prefiere tomar la fórmula tibia, coloca el biberón lleno en un tazón con agua caliente y déjalo reposar durante algunos minutos (o bien, entibia el biberón debajo del agua corriente). Prueba la temperatura poniéndote algunas gotas en el dorso de la mano. La fórmula debe estar tibia, no caliente.

No calientes el biberón en el microondas. Es posible que la fórmula no se caliente de manera uniforme y queden partes más calientes que podrían quemarle la boca al bebé.

Tira la fórmula restante al final de cada comida si ha pasado más de una hora desde que empezaste a alimentar al bebé. Resiste la tentación de refrigerar el contenido una vez que hayas alimentado a tu bebé, ya que las bacterias de la boca del bebé pueden multiplicarse aun en el refrigerador.

7. **Almacena la fórmula de manera segura.** Si usas una fórmula lista para usar, tapa y refrigera la fórmula que haya sobrado de un envase recién abierto. Desecha la fórmula restante que haya permanecido en el refrigerador durante más de 48 horas.

Si preparas y llenas varios biberones de fórmula en polvo o líquida concentrada de una vez, haz lo siguiente:

- Etiqueta cada biberón con la fecha en que se preparó la fórmula.
- Refrigera los biberones adicionales hasta que los uses.
- Desecha la fórmula preparada que haya permanecido en el refrigerador durante más de 24 horas.

Si tienes dudas sobre si un envase o un biberón de fórmula es seguro, deséchalo.

Referencias

1. *Manual de Nutrición de la Asociación Española de Pediatría.* Comité de Nutrición y Lactancia Materna, Editorial Lúa, 2021 (disponible online en: https://www.aeped.es/comite-nutricion-y-lactancia-materna/nutricion-infantil/documentos/manual-nutricion-aep-2021).

2. *El libro de la lactancia.* Dr. José María Paricio · 2020, Editorial Vergara (formato electrónico).

3. *Un regalo para toda la vida.* Dr. Carlos González · 2011, Grupo Planeta (formato electrónico).

QR

Banco de leche materna   Cómo preparar biberones (OMS)

Beneficios de la leche materna

Con el fin de lograr que los bebés se conviertan en adultos sanos, en nuestro país se impulsa la práctica de la lactancia materna, ya que esta contribuye a mantener un buen estado de salud.

Además, contiene:

 • Probióticos: bacterias o microorganismos con un efecto benéfico sobre la salud.

 80% de la leche materna es agua

• Prebióticos, principalmente oligosacáridos: la leche materna contiene más de 200, los cuales protegen contra infecciones. Son inductores de una buena microbiota intestinal, que a su vez capacita al sistema inmunológico.

 • Lactosa: molécula con funciones prebióticas; nuestro cuerpo la utiliza para generar energía; la lactosa que no se logra digerir es utilizada por el microbiota intestinal.

• Lípidos, Grasas y Proteínas.

 • La leche es individualizable, es decir, cada niño recibe la que necesita.

• La leche materna cambia, no es la misma de un día a otro, incluso, la que se produce a lo largo del día no es la misma al principio de la tetada que la del final.

 • La principal causa por la que la mamá no produce leche es porque el bebé deja de succionar, el principal estímulo para la producción de leche es la succión. Así, cuando la mamá oye el llanto de su hijo, se liberan prolactina y exitocina, hormonas involucradas en la producción y secreción de leche.

La Encuesta Nacional de la Dinámica Demográfica 2014 refiere que, en México, aproximadamente el 11% de los niños recibe leche materna de forma exclusiva durante los primeros 6 meses de vida.

• En la calidad de la leche materna influye la alimentación de la mamá y la edad gestacional.

• La leche materna es un inductor de tolerancia y favorece el neurodesarrollo del bebé.

La OMS recomienda que la leche materna sea el único alimento que reciba el bebé durante los primeros seis meses de vida y sin que se abandone la lactancia materna hasta los dos años. También puede darse desde el momento del nacimiento, salvo algunos casos en que se presenten afecciones médicas.

Texto: Luisa Santillán

5

Alimentación complementaria

INTRODUCCIÓN

Si hay un tema en el que todo el mundo cree tener derecho a opinar, y no solo a opinar, sino dar recomendaciones, es el de la alimentación de los bebés. Os hablarán de la alimentación el pediatra o la enfermera de pediatría, pero también la instamami[1] que nos contarán su experiencia, la farmacéutica, vuestras amigas en el grupo de WhatsApp y, sin ninguna duda, vuestra propia madre o la suegra. Y ¿esto es malo o es bueno? Pues depende del caso que hagáis a cada uno. No hace falta señalar que los responsables —y por tanto quienes deciden— lo que hay que dar de comer a vuestros hijos sois vosotros. Informaos, sí, pero no demasiado. Confiad sobre todo en el profesional, si le veis accesible y respetuoso con vuestras opiniones. Al fin y al cabo, bebés ha habido siempre y se han convertido en adolescentes y en jóvenes y luego tuvieron sus propios hijos, a los que dieron de comer... O sea, que los padres no lo habéis hecho tan mal a lo largo de la historia de la Humanidad.

---

[1] Denominamos «instamamis» a todas aquellas mamás con perfil en Instagram, además de en otras redes sociales, donde publican reiteradamente fotos de sus hijos generalmente menores de edad. Su número de seguidores hace que las marcas se las rifen y todas quieran que los pequeños posen con sus complementos o productos.

Durante los primeros meses de vida, como hemos visto en el capítulo anterior, los bebés se alimentan exclusivamente de leche. De forma ideal, de la leche de su propia madre. La leche materna es un alimento dinámico que va cambiando para adaptarse a las necesidades del bebé a lo largo de toda la etapa de lactancia. Sin embargo, llega un momento en que la leche no es suficiente para cubrir las necesidades de todos los nutrientes y, en algunas ocasiones, tampoco para cubrir todas sus necesidades de energía. Por eso es necesario introducir nuevos alimentos en la dieta de vuestro bebé. Parece lógico pensar que, por una parte, esos alimentos que vendrán a complementar lo que reciben con la leche han de ser alimentos con un valor nutricional elevado y, por otra, que esa incorporación de nuevos alimentos habrá de ser gradual. Y estáis en lo cierto. La leche sigue siendo un alimento esencial los dos primeros años de vida y luego continúa ocupando un papel importante en la dieta a lo largo de toda la infancia.

SABÍAS QUE

¿La introducción de la alimentación complementaria se denomina de forma diferente en distintas partes del mundo? Así se denominó durante muchos años beikost, que en alemán significa «alimento adicional», posteriormente bajo la influencia del inglés, weaning o weaning period, que se tradujo en los países de habla hispana como destete o ablactación. Personalmente prefiero la denominación de periodo de introducción a la alimentación complementaria.

La introducción de los nuevos alimentos en la dieta ocurrirá alrededor de los 6 meses, aunque es cierto que podrían introducirse un poco antes en algunas ocasiones, pero nunca antes de los 4 meses. ¿No os parece sorprendente que la aparición de los primeros dientes tenga lugar alrededor de los 6 meses? Desde el punto de vista antropológico, y considerando toda la historia de la Humanidad, donde durante muchos miles de años ni el alimento podía considerarse garantizado ni tampoco la supervivencia, disponer de dos fuentes de alimentación —la leche materna y otros alimentos que se pudieran masticar— era una ventaja para el bebé.

También existe un momento para comenzar con texturas de los alimentos distintas de la líquida —la leche—. Mientras tanto, el organismo ha ido adquiriendo la capacidad de manejar esos nuevos alimentos: el aparato digestivo es más maduro, también la función motora, la capacidad de permanecer sentado sin caerse o de poder llevarse los alimentos a la boca son algunos de estos ejemplos.

Voy a intentar responder a algunas de las muchas preguntas que a lo largo de mi experiencia profesional me han preguntado las mamás y los papás.

 TU PEDIATRA RESPONDE

¿Son distintas las recomendaciones para un bebé que esté con lactancia natural de forma exclusiva o con una fórmula?

No. Las recomendaciones son las mismas, independientemente del tipo de lactancia que reciba el bebé. El momento ideal es en el entorno de los seis meses, nunca antes de los 4 ni después de los 7 meses. Tampoco varía el tipo de alimentos a introducir. Os recomiendo un documento reciente del Comité de Nutrición y Lactancia Materna de la Asociación

Española de Pediatría donde se revisan en detalle muchos de estos aspectos: Aeped.es (alimentación complementaria).

¿Por qué hay que introducir nuevos alimentos si mi hijo con el pecho está creciendo muy bien?

La leche materna es el alimento ideal de forma exclusiva durante los primeros seis meses de vida y, por tanto, no se precisa ningún otro alimento para cubrir las necesidades del bebé. Aun así, sabéis que hay algunas vitaminas que reciben los recién nacidos aunque estén amamantados: una es la vitamina K al nacimiento, para prevenir la enfermedad hemorrágica del recién nacido, debido a una deficiencia transitoria de vitamina K; y también vitamina D, de la que la leche es deficiente.

Sin embargo, a partir de aproximadamente la mitad del primer año, cuando el niño pesa ya más del doble que cuando nació y que las necesidades de energía y nutrientes son mayores, es necesario recurrir a otros alimentos que completen la dieta del bebé. Un ejemplo claro es el hierro. Aunque la cantidad de hierro presente en la leche es muy baja, el recién nacido y el bebé de los primeros meses se aprovecha del «exceso» de hierro que tiene tras el clampaje del cordón. Esas reservas de hierro le sirven para los primeros meses de vida, pero luego ha de recibirse de la dieta. Además, hay un momento madurativo, cuyos hitos hemos señalado anteriormente, que indican la capacidad del niño para manejar alimentos con otras texturas distintas.

La exposición a sabores y a texturas diferentes en esa segunda mitad del primer año son la mejor inversión para tener una dieta variada y suficiente.

¿Hay algún orden establecido para introducir los alimentos?

Esta es una buena pregunta y muy habitual en las consultas de pediatría. Desde un punto de vista estrictamente científico responderíamos que no, podría comenzarse casi con cualquiera por encima de esa edad recomendada (nunca antes de los 4 meses), siempre que atendamos a la seguridad de los alimentos que les proporcionemos. Pero en este punto hay que tener en cuenta otras variables, fundamentalmente la disponibilidad de los mismos y, muy ligada a esta, la tradición cultural. Por ejemplo, en países en los que el arroz forma parte de su cultura gastronómica será este el primer alimento a introducir mientras que en países tropicales serán determinadas frutas y verduras. El consejo más general es introducir los alimentos de forma gradual, de tal manera que, por un parte, podamos así observar la existencia de alguna reacción adversa y, por otra, facilitemos la adaptación a los nuevos sabores por la repetición de la exposición. Hay muy pocas «líneas rojas» en alimentación complementaria: no introducir leche de vaca (o de otros mamíferos) como bebida principal antes del año de edad, no usar miel —por la presencia de esporas del botulismo— antes del año de edad, no consumir verduras de hoja verde —repollo, col y similares— en el primer año (de hacerlo, consumirlas en el día o congelarlas) y, para toda la edad infantil, evitar el consumo de grandes pescados azules, como el emperador, el atún rojo o el cazón. Y, en el orden de evitar atragantamientos, evitar los alimentos duros que se pueden fraccionar en trozos pequeños, como son los frutos secos o los alimentos en grano.

Hemos pasado de un esquema riguroso, en el que señalábamos hasta con el día exacto cuándo había que introducir un determinado alimento, hasta la situación actual, mucho más flexible. De todas formas, no hay necesidad de introducir todos los alimentos a la vez. Comenzad por la fruta o por la verdura, siempre con una variedad pequeña inicialmente a la que luego podéis ir incorporando nuevos elementos. Recordad que en la alimentación de los bebés no hay que usar sal ni azúcar, basta con los que tengan de forma natural los alimentos. Eso sí, puedes usar aceite de oliva sin problemas.

¿Hay que tener algún cuidado con los alimentos que pueden ocasionar alergias?

Las mismas precauciones que para el resto de alimentos. Durante mucho tiempo se recomendaba posponer la introducción de estos alimentos (pescado, algunas frutas como la fresa o el melocotón) hasta el final del primer año. La evidencia demostró todo lo contrario: no solo no disminuía el riesgo de padecer una alergia, sino que la introducción tardía de los alimentos se asocia a una disminución de la tolerancia. Por lo tanto, hoy día no tiene sentido hablar de alimentos alergizantes o menos alergizantes a la hora de introducirlos en la dieta del bebé.

¿Qué es el *Baby-Led Weaning*? ¿Es mejor que la alimentación a base de triturados?

El *baby-led weaning* o alimentación complementaria a demanda es el proceso de destete de un bebé en el que introducimos alimentos sólidos en su dieta que puede comer de forma autónoma con sus propias manos. De origen en Australia y Nueva Zelanda se ha extendido con rapidez, primero, por los países de habla inglesa y, con posterioridad, en muchos países europeos. Para iniciarlo, es preciso que el organismo del bebé tenga la maduración necesaria y haya adquirido las destrezas psicomotoras que permiten manejar y tragar de forma segura los alimentos. Estos cambios suelen ocurrir en torno al sexto mes.

En su rápida difusión se señala que tiene ventajas sobre la forma tradicional, basada en alimentos triturados: favorece la alimentación basada en las señales de hambre y saciedad y las habilidades motoras más complejas. Sin embargo, no hay datos de seguimiento a largo plazo en los que se demuestre que este método de alimentación frente a otros alternativos disminuya el riesgo de obesidad o de aversiones alimentarias.

En la práctica, la mayoría de padres optan por un método mixto en el que se combinan alimentos triturados con otros ofrecidos en trocitos para que el propio bebé pueda llevárselos a la boca. Suelo decir que lo importante en un regalo no es el papel en el que está envuelto, por bonito que sea, sino las características del objeto del regalo. Traducido a nuestro caso, es importante la formación en el manejo de las texturas, pero más importante es elegir alimentos con elevado valor nutricional. En cada familia, los papás elegirán el método con el que se sientan más a gusto. A fin y al cabo, el periodo de introducción de la alimentación complementaria no es más que un proceso que llega del amamantamiento a compartir la mesa familiar.

¿Es malo si le doy potitos? ¿Y cereales infantiles?

Los alimentos para lactantes y niños pequeños, denominados así en sus especificaciones técnicas, son productos diseñados para la alimentación del bebé y del niño hasta los 2 o 3 años. Por una parte, comprende las leches infantiles, sucedáneos o sustitutos de la leche materna, de los que ya hemos hablado en un capítulo anterior. Además de estos están los cereales infantiles o productos para lactantes elaborados a base de cereales y los alimentos triturados o de fácil masticación constituidos por mezclas de frutas, verduras, legumbres con alimentos de origen animal en distintas proporciones. Su composición está determinada por ley, que especifica qué fuentes alimentarias pueden utilizarse y las cantidades de nutrientes máximas y mínimas que deben contener. No deben contener tampoco colorantes ni conservantes, así como no pueden incluir alegaciones de alimento saludable. Dicho esto, se puede deducir que su uso no significa ningún riesgo para la salud de vuestro bebé. Pero también es cierto que es mucho más gratificante poder elegir los mejores productos, acorde a la estación del año y el origen, y darle el toque personal que queremos a la comida de nuestros hijos.

Referencias

1. *Manual de Nutrición de la Asociación Española de Pediatría*. Comité de Nutrición y Lactancia Materna, Editorial Lúa, 2021 (disponible online en : https://www.aeped.es/comite-nutricion-y-lactancia-materna/nutricion-infantil/documentos/manual-nutricion-aep-2021).

2. *La alimentación del niño pequeño*. DR. Isidro Vitoria, Dámaris Martínez, Verónica Vélez · 2022, Ed. Plataforma (formato electrónico).

3. *Baby-led weaning. 80 recetas para que tu hijo coma solo.* (edición revisada y actualizada). Begoña Prats · 2021. Grijalbo.

QR

Albóndigas de caballa

¿Cómo iniciar la alimentación complementaria?

La alimentación complementaria

es el proceso posterior a la lactancia materna exclusiva que inicia con la introducción gradual de alimentos.

Durante el primer año de vida

el lactante inicia la formación de hábitos y preferencias alimentarias.

Se recomienda

iniciar este proceso con la introducción de verduras y respetar el sabor natural de los alimentos.

6

¡No quiero más!

¡No me gusta!

Cómo influyen los padres en las comidas de los hijos

INTRODUCCIÓN

Con frecuencia pensamos que lo más importante de la alimentación de los niños es la composición de su dieta, lo que hay en el plato. Pero alimentarse es mucho más que conseguir o proporcionar alimentos. Comer, que es la forma habitual de alimentarse, acontece frecuentemente en un contexto social: en la mesa de la familia, en el comedor de la escuela, con un grupo de amigos, etc.

La actitud frente a las comidas, las preferencias alimentarias y el patrón o modelo de alimentación se desarrollan en los primeros años de vida y se convierten en el cimiento sobre el que se establecen los hábitos alimentarios para toda la vida. Si no, no tenemos más que recordar qué alimentos nos gustan o cuáles rechazamos, para darnos cuenta de que eran aquellos que estaban en la mesa de nuestra casa —los que hemos venido a llamar «los olores y sabores de la familia»— o los que nunca probamos de niños.

La Psicología y la Medicina han demostrado que, en especial en los primeros años de la vida, tan importante como lo que se come es la forma en que se come, especialmente, cómo responden los padres a los mensajes que se producen en torno a las comidas.

La interacción entre padres/cuidadores y los niños en esos primeros años tiene efectos positivos y negativos en la nutrición y el crecimiento, así como en el desarrollo cognitivo y social de los niños. Mary Ainsworth, psicóloga estadounidense, a través de sus investigaciones encontró que la clave para que el niño establezca lazos afectivos seguros está en la habilidad de la madre para percibir e interpretar correctamente sus señales y, de acuerdo a ese entendimiento, responder de un modo apropiado y sin demora. La madre/cuidador interpreta y responde a las señales del niño, y el comportamiento activo, en el cual la madre/cuidador se concentra, estimula y anima al niño a actuar. En el caso de la alimentación es lo que se conoce como alimentación responsiva o perceptiva, el estilo de alimentación en que la madre está sintonizada con las señales del niño (señales de hambre, rechazo, desinterés, exploración, cariño, etc.), por lo que responde de un modo apropiado, con prontitud y le ofrece motivación y apoyo guiado según su nivel de habilidades.

Estas interacciones entre los padres y los hijos en el contexto de la comida se conocen como *food parenting* (que podríamos traducir como criar en la alimentación, aunque indudablemente viste más el término en inglés). Este modelo de crianza incluye tanto el estilo o la forma de dar de comer como la práctica de llevarlo a cabo. Los padres dan de comer a sus hijos *(feeding)* y sus hijos comen *(eating)*. Es una interacción en los dos sentidos. Los padres deciden qué es lo que hay para comer y a qué hora, mientras los niños deciden cuánto y a qué ritmo. Lo contaremos más despacio un poco más adelante.

De otro lado, es importante considerar el contexto en el cual la come el niño, con el fin de proporcionarle un ambiente agradable. Así, es necesario crear condiciones para que desarrolle interés por la comida, tales como: que se sienta cómodo, sin distracciones; la comida se sirve en un lugar apropiado, el cuidador está completamente involucrado en la acción y, preferentemente, cara a cara con el niño; los alimentos saludables y bien presentados permiten que el niño distinga entre diferentes sabores y texturas. La comida es saludable para todos cuando se comparte.

 TU PEDIATRA RESPONDE

Si mi hijo no quiere comer, ¿tengo que obligarle?

Entre los 2 y los 7 años, la mayoría de los niños empiezan a rechazar los alimentos. Esto es normal. Los niños pueden rechazar los alimentos que se preparan de forma diferente a la que están acostumbrados o incluso alimentos que han comido antes, lo que hace que los padres piensen que sus hijos son «quisquillosos» para comer.

Desde un punto de vista antropológico, considerando la historia de la humanidad en la que los periodos de hambruna eran frecuentes y la calidad de los alimentos baja, la super-vivencia se basaba en conseguir comer cuantas más veces y en mayor cantidad, mejor. Las cosas han cambiado mucho, primero, con el desarrollo de la agricultura y, posteriormente, con la revolución industrial, lo que ha permitido disponer de comida en abundancia y de mayor densidad de energía. Sin embargo, el mensaje de «es mejor comer mucho» parece ha-ber quedado en nuestro subconsciente y por eso cuesta dejar que los niños coman poco o que no se terminen el plato.

Si vuestro hijo empieza a rechazar los alimentos que so-lía comer o los nuevos qué le ofrecemos, ¡no os asustéis! En la tabla os mostramos qué se debería hacer y qué se debería evitar (recomendaciones del Chapter Ohio, de la Academia Americana de Pediatría).

Qué hacer	Qué no hacer
Un niño puede necesitar que se le ofrezca un nuevo alimento hasta 20 veces para sentirse cómodo con él.	Obligar a tu hijo a comer. Esto suele provocar que los niños coman menos y les enseñes a ignorar las señales del cuerpo sobre el hambre y la saciedad. Esto también puede crear sentimientos negativos sobre la comida y la hora de comer, lo que no hace que la alimentación sea un entorno positivo y de apoyo para los niños o los padres.
Deja que tu hijo te vea comer una gran variedad de alimentos mientras están sentados en la mesa, incluyendo frutas, verduras y alimentos nuevos	Sobornar o regañar a tu hijo para que coma más. Decir cosas como "si te acabas la comida, puedes comer el postre" o "solo dos bocados más y podrás comer una golosina" suele hacer que los niños aprendan a negociar mejor lo que realmente quieren y les enseña a ignorar sus señales de hambre y saciedad.
Ofrecer a los niños muchas oportunidades de experimentar la comida sin la presión añadida de "probarla". Esto puede significar jugar juntos con la comida (piensa en crear un zoológico con galletas de animales, hacer un bosque con brocoli o contar con tomates de uva). También puedes permitir que tu hijo cocine contigo lavando las frutas y verduras, removiendo la comida o ayudándote a medir y verter. Pídele a tu hijo que busque una nueva receta contigo o que elija los alimentos en el supermercado.	Preocuparse de que tu hijo sea quisquilloso. Un cambio en la actitud de tu hijo y su disposición a comer nuevos alimentos o incluso alimentos que el niño ha comido durante años es muy a menudo una fase normal del desarrollo. Siempre puedes hablar con el pediatra de tu hijo si te preocupa el peso, el crecimiento, los habitos alimentarios o la salud en general de tu hijo.

Limitar las distracciones a la hora de comer. Apaga todas las pantallas (móviles, televisiones, tabletas). Convierte la hora de la comida en un momento para relacionarte y conectar con tu hijo. Deshacerte de las distracciones también te ayuda a ti a conocer lo mejor de tu hijo y a él a reconocer mejor sus propias señales.	Solo alimentar a tu hijo con los alimentos que le gustan o que sabe que va a comer. Esto reduce las opciones de alimentación que tiene en las comidas y reduce las preferencias de sabor del niño a solo los alimentos que le son familiares o preferidos.

Mi hijo come poco, no tiene nunca hambre y, claro, está delgado.

Ya hemos comentado que los niños no comen las mismas cantidades en toda la infancia. Los periodos de mayor crecimiento —y, por tanto, de mayores necesidades nutricionales— son los dos primeros años de vida y la pubertad, coincidiendo con el estirón puberal. Por lo tanto, si tu hijo o hija crecen bien y están sanos, no necesitan ninguna medida especial.

Os sugerimos algunas pautas que pueden ayudarles:

1. Que haga 4-5 comidas al día. Es mejor comer poco y a menudo.

2. No debe picotear entre horas. «Entre comidas, mejor solo agua».

3. Intenta que en todas las comidas haya presentes vegetales u hortalizas y fruta fresca que ocuparán la mitad del plato. El otro medio se repartirá entre hidratos de carbono (patata, pasta, arroz) y proteínas (carne, pescado, huevo...).

4. Si se acostumbra a ver verduras en el plato, las comerá.

5. Dale porciones pequeñas. Preséntelas de forma atractiva. Es mejor que él sea el que pida repetir.

6. No le fuerces. No le obligues. No le presiones. No te enfades.

7. Las comidas deben ser en familia. En esta etapa son los mejores imitadores. Si ven que sus padres toman alimentos sanos y tienen rutinas y horarios establecidos, se acostumbrarán a ello.

8. Si toda la familia acaba de comer y el niño aún no ha terminado, se le retirará el plato sin enfados. 30-40 minutos son más que suficientes para que a uno le dé tiempo a comer. Si tarda más, probablemente lo dedicará a jugar. Es importante que no se levante durante la comida.

9. En las comidas, el ambiente debe ser tranquilo. Evitar distracciones como la televisión y otras pantallas, los juguetes, canciones...

10. No hables delante de tu hijo de tus problemas con la alimentación. No le chantajees con comida, porque lo verá como algo negativo.

SABÍAS QUE

Una respuesta equivocada a las claves de los niños. Se ha encontrado una relación directa entre algunas respuestas poco adecuadas de los padres ante las claves de sus hijos (comer en respuesta a emociones negativas, pobre reconocimiento de las señales de saciedad, etc.) y un índice de obesidad mayor en sus hijos.

¿Qué hacer si solo consigo que coma viendo los dibujos?

Hay que evitar distracciones en las comidas, aunque eso no significa que el lugar de comida sea un espacio triste o en que no podamos interactuar con nuestros hijos.

Algunas actitudes estimulan el consumo de alimentos: responder positivamente al niño mediante una sonrisa, hacer contacto con los ojos y usar palabras de aliento, dando de comer al niño lenta y pacientemente, con buena disposición; esperando que el niño deje de comer y observar con atención, si el niño expresa señales de saciedad; dándole alimentos al niño para que él pueda alimentarse por sí mismo.

Algunas recomendaciones a tener en cuenta:

- Contacto visual con el cuidador, cuando el niño busque contacto con los ojos, debe observar al cuidador.

- Expresión agradable hacia el cuidador, como lo demuestran las sonrisas.

- Expresiones agradables de vocalizaciones al cuidador, como se demuestra a través de la ausencia de llanto o irritación.

- Respuesta motora al intento de dar de comer, como lo demuestra la posición relajada, movimientos tranquilos y amoldarse al cuerpo del cuidador.

¿Algún truco con los adolescentes?

El mundo de los adolescentes es bastante distinto. Desde luego, lo que menos necesita son consejos y más sentarse con ellos. Esto también vale para las comidas. Saben de sobra qué es una comida saludable y cuál no. Por eso más que decirles cosas es conseguir que coman con el resto de la familia varias veces a la semana. Es un buen índice de la «calidad» de su dieta. Te lo comentaremos con detalle en el capítulo «la mesa familiar».

Referencias

1. *Mi niño no me come.* Carlos González · 2011, Temas de Hoy, Ed. Planeta.

2. *¡A comer! El método Estivill para enseñar a comer a los niños.* Eduard Estivill, Montse Domènech · 2012, Penguin Random House, Grupo Editorial España (formato electrónico).

3. *Este compró un huevito. Recetas para niños.* Angelita Alfaro, Mikel (© kukuxumusu) Urmeneta · 2012.

QR

Cómo diferenciar distintos tipos de pescados

Niños comedores selectivos

Cómo influyen los padres en la alimentación de sus hijos

Los padres pueden ejercer una gran influencia en las decisiones alimentarias de sus hijos porque a esa edad son los que más controlan sus acciones, y las influencias externas (escuela, compañeros) suelen ser mínimas.

Las acciones de los padres que parecen intuitivas (limitar la cantidad de alimentos menos nutritivos, presionar para que coman alimentos ricos en nutrientes o recompensar por buenas conductas) podrían, en realidad, ser contraproducentes, y conducir a hábitos no saludables.

Los padres que atienden a las claves de sus hijos (hambre/saciedad), tienen una actitud proactiva en la alimentación y colaboran con su ejemplo, consiguen la adquisición de mejores hábitos alimentarios en sus hijos/hijas.

Tipo de práctica de alimentación	Ejemplos
Modelo autoritario, coercitivo, centrado en el padre *Presión* Obligar a comer más. Imposibilita la capacidad de autorregulación. Obvia las claves de saciedad.	Se enfoca en el tamaño del plato («hay que terminárselo todo», «una cucharada más»). Recompensa por la comida («si te tomas las lentejas, de postre tendrás un helado»). Jugar o ver la TV durante la comida. Castigo si no comes. Ofrecer alternativas si no se come el plato que le ponen, «porque es mejor que coma algo».
Restricción Prohibición de comidas poco saludables. Aumenta el deseo de los alimentos prohibidos.	Los niños deben comer saludablemente, aunque otros miembros de la familia no lo hagan. No comerá el postre si no se come las verduras. No hay posibilidad de que accedan a alimentos negociables («trato»). Restricción en base a alimentos buenos y malos.
Alimentación emocional Comida para calmar emociones. Enseña al niño a comer por motivos no relacionados con el apetito.	Ofrecer comida como recompensa. Castigar sin comer por mala conducta. Ofrecer comida para que se calme.

Modelo permisivo/indulgente, poco estructurado Pocos límites al qué, dónde y cómo comer.	Darle lo que pida y en cualquier momento. Falta de consistencia en lo que come y en dónde come. No participa en las comidas de la familia. El niño come otras cosas distintas del resto. A la hora de las comidas, solo poner los platos que le gustan. Dejar que picotee todo el rato. Permitir distracciones mientras come (la TV, juguetes, etc.).
Respuesta al rechazo a los nuevos alimentos Exponer solo a un determinado número de alimentos.	Cuando el niño rechaza un nuevo alimento, asumir que no le gusta y no volvérselo a ofrecer. No intentarlo varias veces. Rechazar incorporar nuevos alimentos. Insistir o presionar para que se los coma. Ofrecer comidas alternativas cuando no se lo come. Recompensa por comer (en vez de por probar). Obligar a comer.

7

Comer en familia: algo más que comer juntos

INTRODUCCIÓN

Comer es también un acto social, sobre todo, en nuestra cultura, donde muchas de las celebraciones tienen lugar alrededor de una mesa. Nos sentamos juntos para celebrar un asunto familiar o con los compañeros de trabajo, las fiestas importantes se acompañan de una buena comida, incluso a veces tenemos comidas de trabajo. Y no es tanto por lo que se comparte sobre el mantel, sino por lo que rodea al hecho de sentarnos juntos a compartir. Pero comer con otras personas no debe reservarse solo para momentos especiales. La comida familiar es el momento en el que se reúnen todos o casi todos los miembros de una misma familia para compartir una comida estructurada, independientemente de la hora en que se realiza; constituye una actividad central y un particular punto de encuentro en la vida diaria de sus miembros, vital para fortalecer la unidad y cohesión familiar. En el caso de los niños, comer en familia de forma habitual favorece la adquisición de los hábitos y las conductas alimentarias. Les ayuda a explorar nuevos alimentos, a conocer alimentos ligados a la propia tradición y cultura y contribuye a mejorar su patrón alimentario global.

En cuanto a los niños mayores y los adolescentes, tiene importancia también para su bienestar y equilibrio emocional, como se comentará más adelante.

En los últimos años, diversos estudios han demostrado que comer juntos ofrece muchos beneficios para la salud. Una encuesta reciente de la Asociación Americana del Corazón *(American Heart Association)* lo respalda. Un abrumador 91 por ciento de los padres dijeron que su familia está menos estresada cuando comen juntos. «Compartir las comidas con otros es una magnífica forma de reducir el estrés, aumentar la autoestima y mejorar la conexión social, sobre todo para los niños». «El estrés crónico y constante también puede aumentar el riesgo de por vida de la enfermedad cardiaca y el accidente cerebrovascular (ACV), así que es importante que las personas encuentren formas de reducir y gestionar el estrés todo lo posible, lo antes posible».

SABÍAS QUE

Se pueden enseñar muchas cosas mientras se cocina. De hecho, cuando se sigue una receta con los niños, es lógico descubrir naturalmente conceptos matemáticos, como cálculos, mediciones y fracciones. Explicar cómo cambian los alimentos al estar expuestos al calor o cómo determinados alimentos pueden ayudar a que nuestro cuerpo esté sano significa una maravillosa lección de ciencias. Al cocinar con su hijo, puede practicar nuevas palabras mientras describe el aspecto, la textura y el sabor de los alimentos. Seguir una receta de principio a fin ayuda a fomentar habilidades que permiten planificar y completar proyectos.

Además de mejorar los hábitos alimentarios de toda la familia, en especial de los niños y de los adolescentes, la participación en la mesa familiar favorece la autoestima al permitir un espacio para que el niño o la niña hablen de su día. Mejoran así también sus habilidades de comunicación.

Sin embargo, en España, la frecuencia de las comidas familiares ha descendido en las últimas décadas y, al igual que se ha visto en Estados Unidos, uno de los países que encabeza esta tendencia, las comidas compartidas están siendo desplazadas en cierta medida por las realizadas «en solitario»: comer solo delante del ordenador, en el coche, mientras se ve la televisión, se revisan los mensajes de texto, se habla por teléfono, se juega con diversos dispositivos.

Quizá no haya mayor legado que podamos hacer a nuestros hijos que haber compartido tiempo con ellos. Y en ese espacio, las comidas familiares deben ocupar un lugar primordial.

 TU PEDIATRA RESPONDE

Tenemos un hijo adolescente que dice que comer con nosotros es bastante aburrido y prefiere comer solo o llevarse la comida a su habitación. Por no discutir se lo hemos permitido. ¿Hemos hecho bien?

Comer juntos varias veces a la semana se asocia con una mejor calidad de la dieta, en especial en los adolescentes, que gustan poco de recibir consejos.

La investigación muestra que niños y adolescentes, de ambos sexos y de distintas etnias, que comen con mayor frecuencia en familia siguen dietas de mayor calidad, con un mayor consumo de frutas y verduras, cereales integrales y alimentos ricos en calcio y un menor consumo de comidas preparadas, ricos en grasa y refrescos, así como menor prevalencia de comportamientos alimentarios extremos (ej. anorexia y bulimia).

Además, existe una relación directa entre la frecuencia de comidas compartidas en la adolescencia y el riesgo de padecer obesidad 10 años más tarde.

Algunos aspectos a tener en cuenta:

- Comer sin prisas. Tomaos vuestro tiempo. Disfrutad de la comida y del aspecto social de comer juntos.

- Fuera de la mesa las pantallas. Os ayudará a ser más conscientes de lo que coméis.

- Buscar la conversación en los temas de la vida de cada día. Huir de hablar de uno mismo.

¿Es mejor que, cuando comamos todos juntos, preparemos platos que sabemos que van a gustar a todos o buscar un menú «ideal»?

Las comidas en familia constituyen la base para elaborar los recuerdos de alimentación que se forman en la infancia y que perduran a lo largo de la vida, recogiendo las experiencias sensoriales que intervienen en la alimentación (tacto, gusto, olfato, oído y vista). Así, por ejemplo, el olor de un determinado alimento o preparación culinaria que comimos en nuestra infancia puede acompañarnos en la memoria durante toda la vida y determinar de alguna manera nuestras elecciones alimentarias (más o menos correctas).

Las comidas familiares (frecuencia, lugar, orden, estructura) juegan un importante papel en la instauración y promoción de una alimentación saludable. Los gustos y preferencias por los sabores empiezan a concretarse en el periodo prenatal y las bases de los hábitos alimentarios personales se construyen en los primeros años de vida donde tiene un papel esencial el comportamiento y prácticas alimentarias de la familia, de los padres. La familia/los padres tienen un papel decisivo, por tanto, en la educación de los más pequeños de la casa para que adquieran hábitos alimentarios adecuados, hábitos que se mantendrán a lo largo de la vida de estos o, al menos, «suavizarán» los posibles efectos o costumbres negativos impuestos por el ambiente, el entorno alimentario y social en el que se desenvuelven los adolescentes.

La vida es bastante complicada para que compartamos la mesa todos los días, ¿tiene importancia el número de veces que comemos juntos?, ¿cómo podemos conseguirlo?

Conseguir tiempo para disfrutar comiendo con otras personas no ocurre por casualidad. Con horarios muy ocupados en el trabajo, en el colegio y en casa, buscar ese tiempo puede parecer tarea imposible y es fácil que se deje para una mejor ocasión.

Pero si queréis, podéis. Aunque hay que proponérselo y seguir un plan. Algunos ejemplos:

- Que los fines de semana cada uno proponga un menú y se encargue de prepararlo (con ayuda de papá y mamá si hace falta, que la hará).

- Invitar a comer a los amigos de vuestros hijos.

A continuación, se exponen algunas de las pautas y consejos más frecuentes que, dirigidas a los padres, pueden ayudarles a tener comidas familiares con más frecuencia y que estas sean más saludables desde el punto de vista de la calidad de la alimentación y el fomento de unos buenos hábitos alimentarios en ese entorno.

- Considerar una gran prioridad sentarse a comer en familia y actuar en consecuencia a la hora de planear la agenda familiar (actividades extraescolares, planes de ocio...).

- Establecer una hora «flexiblemente» fija que todos los miembros respeten para reunirse a desayunar/comer/cenar juntos.

- Intentar comer toda la familia junta al menos una vez al día, normalmente en el mismo espacio del hogar (la cocina, el comedor). No tiene por qué ser al final del día. El desayuno, por ejemplo, es también un momento estupendo para compartir un rato juntos alrededor de la mesa.

- Si no hay costumbre de comer en familia, empezar poco a poco estableciendo la costumbre dos o tres veces por semana.

- Disponer de tiempo suficiente; 15-20 minutos a diario es suficiente, mucho más, no; los más pequeños se cansarían. Y no solo es importante la cantidad de tiempo dedicado, sino la calidad.

- En el fin de semana podemos alargar y planear menús algo más laboriosos que gusten; lo importante es disfrutar de la familia y, por supuesto, de la comida; no olvidemos que la alimentación no solo es una necesidad, sino un placer.

- Comer «sentados» y charlar. Esto permite disfrutar de la comida, paladearla y masticarla bien.

- Huir de las comidas aburridas y monótonas. Los menús que se sirvan han de ser variados, que estimulen la experimentación de los niños con diferentes sabores, texturas y colores y que colaboren a enseñar a los niños a disfrutar de los alimentos.

- Preparar los alimentos mediante diferentes procesos culinarios: a la plancha, fritos, cocidos...

- Ir presentando a los más pequeños que se incorporan a la mesa familiar paulatinamente alimentos nuevos, con preparaciones distintas que no hayan probado antes, en pequeña cantidad (las guarniciones son una buena forma de hacerlo) de manera que vayan adaptándose a la alimentación del adulto.

- Organizar o disponer de un recetario con recetas nutritivas que pueden elaborarse en poco tiempo (en el mismo que se tardaría en hacer bocadillos para toda la familia) para ponerlas en práctica entre semana.

- Acostumbrarse a comer con agua como bebida de elección. Los refrescos y los productos lácteos azucarados dejarlos para ocasiones especiales.

- El postre habitual de las comidas debe ser fruta fresca.

SABÍAS QUE

¿Si te dijera que existe un medio «mágico», algo que mejoraría tu calidad de vida y la de los tuyos, las perspectivas de éxito en el futuro de tus hijos y, es más, la salud de tu familia? ¿Algo que no es caro, es fácil de conseguir y que está al alcance de la mayoría? (Weinstein, 2005). ¿Lo adivinas? Sí, esa fórmula mágica es «comer en familia».

1. Comer en familia se considera ya un factor de prevención de algunos problemas de salud, alimentación, trastornos de la conducta y comportamiento.

2. Comer en familia para los niños y adolescentes significa una mayor calidad de su alimentación y una disminución del riesgo de obesidad.

3. Intentar comer toda la familia junta al menos una vez al día, normalmente, en el mismo espacio del hogar (la cocina, el comedor). Si no hay costumbre de comer en familia, empezar poco a poco estableciendo la costumbre dos o tres veces por semana.

4. Las comidas en familia son oportunidades de aprender y relacionarse.

Referencias

1. *La comida de la familia.* Ferrán Adrià · 2015, RBA libros.

2. *Comer bien en familia.* Griselda Herrero · 2021, Espasa (formato electrónico).

3. *El perfeccionista en la cocina.* Julián Barnes · 2006, Editorial Anagrama.

4. *Historia de la gastronomía.* Néstor Luján · 2019, Penguin Random House, Grupo Editorial España.

QR

Pizza de brócoli

Comer en familia: un hábito saludable

¿Por qué es importante comer en familia?

Fortalece las relaciones

Al sentarse a comer juntos, se comparten las experiencias del día y se fortalece la comunidad.

Desayuno

Que los niños desayunen en familia ayuda a que el hábito se mantenga en la vida adulta.

Hábitos de higiene

Parte de la rutina de comer juntos incluye ir a la mesa con las manos lavadas y otros hábitos que se pueden fomentar en grupo.

Cooperación

Todos pueden ayudar a la hora de comer incluso en actividades sencillas, como poner la mesa.

Alimentación sana

Se ha demostrado que las personas que comen en familia consumen alimentos más saludables que las que no lo hacen.

Ahorro de dinero

Al preparar comida para toda la familia se suelen ahorrar recursos e incluso cuando se sale a comer se pueden comprar platillos.

Buenos modales

Respetar horarios o escuchar a los demás son hábitos que los padres pueden enseñar a los niños a la hora de comer.

Reducción del 12% de las probabilidades de sobrepeso.

8

¡A desayunar!

INTRODUCCIÓN

El desayuno es la primera comida del día, separada de la anterior por muchas horas. Tras esas horas de ayuno es fundamental proporcionar al organismo la energía y los nutrientes necesarios para hacer frente a todas las actividades que se realizan en esta parte del día (romper «des-», el «ayuno»; en inglés *break-fast*).

El desayuno se puede definir como la primera comida del día, tomada antes de empezar las actividades diarias, en las 2 primeras horas desde que se despierta, normalmente no más tarde de las 10:00. Proporciona entre el 20 y el 35% del total de las necesidades de energía diaria. En España, un 10-15% de los niños no desayuna y un 20-30% lo hace de manera insuficiente, aunque las tasas de los niños que no desayunan pueden variar desde casi el 0% hasta más del 50%, según la definición. El desayuno en España aportaría para la población escolar alrededor del 19% de la energía diaria ingerida. En la población escolar de niños y adolescentes españoles, el 88% desayuna diariamente, y un 45% añade un segundo desayuno de media mañana, que suele consistir en un bocadillo (29%), bollería (27%) o galletas (15%).

Aunque se ha cuestionado mucho el papel del desayuno en la alimentación de los niños, tanto en el sentido de considerarla como la principal comida del día como en el de considerarlo como un aporte despreciable, lo cierto que desayunar a diario y hacerlo con equilibrio es un marcador de calidad de la dieta, que se ha asociado a algunos beneficios para la salud. Actuaría como una señal que «marca el paso» de lo que debe ser la dieta a lo largo del día. Si consideramos los mecanismos fisiológicos que se adecuan al patrón de mínima actividad en los periodos sin luz (la noche) y máxima actividad desde cuando sale el sol, parece sensato intentar que una gran parte de la comida se haga durante esos periodos de mayor actividad, para acabar el día de una forma más frugal. Indudablemente esta consideración solo tiene sentido a partir de una determinada edad, generalmente coincidente con el inicio de la escolaridad (los 3 años).

En el año 2021, un grupo de expertos en Alimentación Infantil se reunieron en Madrid para recoger las evidencias disponibles sobre la importancia del desayuno en la alimentación de los niños españoles. Fruto de esa reunión fue la publicación que podéis encontrar en las referencias recomendadas, y señalaban: «Aunque las evidencias no son totalmente concluyentes, numerosos estudios han mostrado varios beneficios cuando se compara la población que desayuna habitualmente frente a la que no lo hace, tanto en los parámetros de riesgo cardiometabólico (obesidad, diabetes, tensión arterial y perfil lipídico) como en las funciones cognitivas.

El desayuno debe incluirse en los planes de alimentación saludable pues permite incorporar alimentos que son difíciles de consumir en otras comidas y puede contribuir a reducir el riesgo de desarrollar enfermedades cardiometabólicas. Para promover la ingesta de desayunos saludables es imprescindible actuar sobre los factores sociodemográficos y culturales que influyen en su cumplimiento y en su calidad, como son la edad, la educación nutricional (principalmente, padres y niños/adolescentes, pero también otros familiares, la escuela, las amistades...), realizarlo en familia, adaptarlo a los gustos de cada población y equilibrar calidad y costes». Estas y otras consideraciones son las que nos han llevado a incorporar este capítulo en el libro, no previsto inicialmente.

 TU PEDIATRA RESPONDE

Mi hijo no quiere desayunar nada cuando se levanta. Dice que no le entra nada. ¿Serviría igual que lo compensara con la toma de media mañana?

Consumir un desayuno saludable se relaciona con una mayor ingesta diaria de nutrientes, un mejor cumplimiento de las recomendaciones nutricionales y una mejor calidad de la dieta total. En los niños/adolescentes, la mayoría de los estudios han mostrado que los que desayunan habitualmente consumen mayores cantidades de energía, fibra dietética, frutas y verduras, y menos bebidas azucaradas, en comparación con aquellos que no desayunan.

Lo ideal es desayunar antes de salir de casa, antes de ir al colegio. Muchas veces, esas dificultades que tienen algunos niños para desayunar tienen más que ver con el poco tiempo que hay desde que se levantan hasta que salen para el colegio, que hacen que el desayuno deba tomarse rápidamente y sin prestar la debida atención —y tiempo— a su composición. El mejor ejemplo lo tenemos cuando en vacaciones, con mucho más tiempo y con una oferta mucho más amplia —imaginaos un buffet de desayunos en el hotel de vacaciones—, esos mismos niños que durante el curso apenas desayunan, son los últimos en dejar la mesa... Esto es todavía más cierto cuando la distancia al colegio es larga y han de ir en la ruta escolar o llevados por sus padres.

Levantarse un poco antes y, si es posible, compartir el desayuno con los hijos es la mejor inversión para conseguir que desayunen. Compartir el desayuno con la familia en niños de 10 años se asocia a una mayor frecuencia de consumo del desayuno a los 16 años.

En algunos colegios, se han puesto en marcha iniciativas encaminadas a ofrecer un desayuno saludable a los niños en el centro escolar, especialmente en zonas donde existe un mayor número de familias con escasos recursos.

Pero si a pesar de todo no conseguís que vuestros hijos se vayan al colegio con poco más que un vaso de leche o una tostada, efectivamente el «media-mañana» del recreo puede ayudar a completarlo. Eso sí, hay que garantizar que no acabe en la mochila de un compañero o, en el peor de los casos, vuelva a casa en el fondo de la propia.

¿Por qué es importante que existan alimentos de varios grupos en el desayuno? ¿Podemos prescindir de los lácteos?

El *desayuno saludable* es aquel que es variado, completo, equilibrado y satisfactorio. No podemos decir que exista un desayuno «ideal», sino que hay multitud de combinaciones, que tienen que adecuarse a las necesidades y circunstancias personales.

En lo que sí existe consenso es en que para que un desayuno sea completo debería aportar entre el 20-25% de las necesidades energéticas diarias, e incluir al menos cuatro grupos de alimentos. Es habitual que se incluyan siempre los mismos alimentos y en la misma presentación, pero es recomendable variarlo, igual que hacemos con la comida o con la cena. De esta forma, romperemos con la monotonía y disfrutaremos más de nuestros desayunos. En definitiva, el desayuno es una buena ocasión para incluir grupos de alimentos que no deben faltar en nuestra dieta y para completar el número de raciones de diferentes grupos que no vamos a cubrir durante el resto del día.

Uno de los criterios más empleados para definir un desayuno saludable es incluir al menos tres grupos de alimentos principales: un alimento del grupo de los cereales (preferiblemente entero/integral), leche o un producto lácteo y una fruta (entera, aunque, según algunas guías, también puede ser en forma de zumo natural, si no se le añade azúcar). Incluir estos tres grupos de alimentos en el desayuno ayuda a cubrir las recomendaciones de consumo de cada uno de ellos y su consumo por separado se asocia a mejores patrones alimentarios. Los lácteos proporcionan un elevado contenido de nutrientes en relación con su valor calórico. Aportan proteínas de alto valor biológico, grasa, hidratos de carbono, vitaminas liposolubles (en lácteos enteros), fósforo y calcio, siendo este último altamente absorbible.

¿Es verdad que el rendimiento escolar está relacionado con un buen desayuno?

El rendimiento escolar es el fruto de la acción conjunta de muchos factores, incluyendo la alimentación, aunque ciertamente en nuestro medio donde las necesidades

SABÍAS QUE

En Francia, el desayuno es croissants, croissants y más croissants. Con pepitas de chocolate o relleno de mermelada, integral con miel o nata, crema o ricota dulce, glaseado de chocolate o praliné. Y también lo podemos encontrar salado con jamón y queso. Un café con leche al lado es imprescindible.

nutricionales básicas de casi la totalidad de los niños están cubiertas, su papel es menos relevante. Hay bastante consenso al concluir que desayunar es más beneficioso para la función cognitiva que no hacerlo, especialmente en los niños con peor situación nutricional y de menor edad. Los programas escolares de desayuno también muestran efectos positivos sobre el rendimiento escolar, aunque probablemente sea debido al menor absentismo escolar. También parece que hay una asociación positiva entre la frecuencia de desayunar y el rendimiento académico en los niños, y entre el aporte energético del desayuno y las aptitudes escolares y la atención. Los pocos estudios que han analizado el efecto de la calidad nutricional del desayuno (según los alimentos que lo conforman), en general, concluyen que desayunar más alimentos básicos o de mayor calidad se asocia a un mejor rendimiento escolar.

Referencias

1. *Aprende a desayunar*. Raquel Bernácer Martínez · 2019, Amat Editorial.

2. *El desayuno en la infancia: más que una buena costumbre.* M.J. Galiano Segovia, J.M. Moreno Villares, Acta Pediátrica Española, 2010; 68(8): 403-408.

3. *Papel del desayuno y su calidad en la salud de los niños y adolescentes en España*. Luis A Moreno-Aznar, María Del Carmen Vidal Carou, Ana María López Sobaler, Gregorio Varela-Moreiras, José Manuel Moreno Villares, Nutrición Hospitalaria, 2021 19;38(2):396-409.

QR

Desayunos saludables

Imprescindible: Un buen desayuno

Desayunar es una excelente práctica que requiere solo una adecuada organización del tiempo. Bastan 15-20 minutos para compartir con tus hijos un desayuno estimulante y delicioso, que no solo será gratificante para el paladar, sino que también favorecerá el bienestar físico y mental.

Los beneficios para la salud de tus hijos al consumir un desayuno equilibrado son diversos:

• Mejora del estado nutricional: Contribuye a mantener un adecuado balance de energía y nutrientes esenciales (como calcio, hierro, magnesio, vitaminas, etc.), fundamentales para el óptimo crecimiento y desarrollo de sus cuerpos en crecimiento.

• Aumento del rendimiento físico: Consumir un desayuno adecuado antes de realizar actividades físicas ayuda a prevenir la fatiga y el desmayo debido a la falta de energía. Es vital recordar que el cuerpo necesita una fuente de energía para funcionar correctamente.

• Control del peso: Desayunar regularmente ayuda a mantener un peso saludable, ya que reduce la probabilidad de excesos alimenticios durante el día. Al satisfacer el apetito matutino, se disminuye la tendencia a picotear entre comidas, lo que contribuye a un mejor control del peso corporal.

• Fomento de buenos hábitos: Al establecer desde temprana edad el hábito de desayunar adecuadamente, se inculcan a los niños rutinas saludables que repercuten positivamente en su bienestar general a lo largo de la vida.

Incorporar el desayuno como una parte fundamental de la rutina diaria de tus hijos no solo les brinda beneficios físicos inmediatos, sino que también sienta las bases para un estilo de vida saludable a largo plazo.

9
El comedor
escolar

INTRODUCCIÓN

Un gran número de nuestros niños se quedan a comer de forma habitual en el comedor del colegio. Aunque varía mucho entre las distintas zonas de España, es mucho más habitual utilizar el comedor escolar en las grandes ciudades, en las que los desplazamientos hasta el centro educativo son más largos o los padres no están disponibles en casa a la hora de la comida.

El comedor del colegio es mucho más que un lugar donde comen nuestros hijos en esa etapa de su vida: desempeña también una destacada función social y educativa.

En el comedor, nuestros niños desarrollan y refuerzan la adquisición de hábitos alimentarios saludables, aprenden normas de comportamiento y a usar de forma correcta los útiles del comedor. En función de su edad y nivel educativo, participan en las tareas y proyectos que se desarrollan en los comedores. No se puede entender el colegio sin el tiempo que lo rodea y que, además de servir de un momento de asueto, si se acompaña de una planificación adecuada de las actividades de ocio y tiempo libre, contribuye al desarrollo de la personalidad y al fomento de hábitos sociales y culturales. Además, es un momento de convivencia, en el que se fomenta el compañerismo y las actitudes de respeto, educación y tolerancia en un ambiente emocional y social adecuado. ¡Cuántas veces, cuando les pregunto en la consulta a los más pequeños qué es lo que más les gusta del colegio, responden que el «recreo del mediodía!».

Comiendo en la escuela se sigue el ritmo escolar y se incentiva la asistencia a clase o a las actividades de la tarde que repercuten en el desempeño académico. El comedor escolar también incide en las familias: permite la conciliación en aquellas familias que no pueden dejar de trabajar o que necesitan trabajar durante el horario del mediodía.

 TU PEDIaTRa RESPONDE

¿Es bueno que dejemos a nuestros hijos en el comedor escolar? ¿Cómo podemos estar seguros de que reciben una alimentación adecuada?

Quizá muchas familias desconozcan que las directrices sobre los comedores escolares están bastante reguladas por ley. Por una parte, en materia de seguridad alimentaria y nutrición deben cumplir lo que está legislado para toda España, aunque cada Comunidad Autónoma determina algunos aspectos que tienen que ver sobre todo con los modelos de gestión y con los requisitos para la adjudicación del servicio de comedor escolar en los centros públicos.

En el Documento de Consenso sobre la Alimentación en los Centros Educativos publicado por el Ministerio de Sanidad y Consumo en 2011 se señalaban las recomendaciones de la composición del menú escolar que se recogen en la tabla 1 en la línea de las recomendaciones de la Organización Mundial de la Salud (OMS) de favorecer el consumo de frutas y verduras, cereales preferiblemente integrales y limitar el consumo de sal y de azúcares simples. Y agua como la única bebida en el comedor escolar.

En este documento de consenso se recogían también aspectos relacionados con las cafeterías o cantinas de los centros educativos y con el contenido de las máquinas de vending. No puede haber máquinas expendedoras de alimentos y bebidas en zonas a las que pueda acceder el alumnado de infantil y primaria.

La actualización más reciente de esta normativa incluye también aspectos relacionados con la sostenibilidad, en concreto, la recomendación de que un porcentaje de los alimentos utilizados sean de proximidad o procedentes de cultivos ecológicos:

1. La oferta de alimentos y bebidas en centros educativos estará compuesta fundamentalmente por alimentos frescos, de temporada y de proximidad, característicos de la dieta mediterránea, como hortalizas, legumbres, cereales preferiblemente integrales, frutas, frutos secos y aceite de oliva.

2. Al menos el 45% de las frutas y hortalizas que se oferten serán de temporada y de proximidad.

3. Al menos el 5% del total de alimentos ofertados serán de producción ecológica.

4. Se priorizará la compra de alimentos en cuya producción se hayan respetado las normas de producción integrada y de bienestar animal y la de los productos alimenticios marinos y de la acuicultura más respetuosos con el medio ambiente.

5. Se introducirán elementos orientados a la reducción al mínimo de los residuos y el desperdicio alimentario, así como a su recogida selectiva y al menor impacto ambiental a lo largo del ciclo de vida del producto o servicio.

También se recoge que deben existir menús que cubran las necesidades de los niños con enfermedades crónicas, fundamentalmente alergias o intolerancias a algunos alimentos y que se tenga en cuenta la disponibilidad de menús especiales por motivos culturales, éticos o religiosos.

En las actuaciones del servicio de comedor escolar se incluye no solo el propio servicio de comidas, que abarca la programación, elaboración y distribución de los menús, sino la atención educativa tanto durante la comida como en los periodos anterior y posterior al mismo, incluyendo el número de monitores que deben estar en el comedor en función de la edad y características de los niños.

El consejo escolar debe supervisar los menús, en cuanto a la calidad y variedad de los alimentos, y aprobar, en su caso, menús específicos.

¿Es mejor que el colegio tenga una cocina con personal propio o que traigan los platos elaborados de otro lugar?

Existen distintos modelos de gestión en los comedores escolares. Algunos centros disponen de cocina propia y personal de cocina que elabora las comidas. Se conoce como modelo de gestión directa. Mientras que en otros esa gestión está contratada a una empresa externa (gestión indirecta). Los requisitos de cada Comunidad Autónoma varían mucho y hacen más o menos posible optar por uno u otro modelo.

En una encuesta realizada en 2021, solo un 36,4% de los centros tenían cocina in situ, mientras que en el 63,6% de los casos la comida se llevaba preparada por empresas.

La única comunidad con mayor número de centros de gestión directa, con 302, en comparación a los de gestión indirecta, con 133, era Galicia. Por su parte, destacan tanto Castilla y León como el País Vasco que solo tenían centros de gestión indirecta.

Como hemos señalado antes, lo importante no es el modelo de gestión, sino la calidad del menú escolar.

¿Hay alguna recomendación sobre qué llevar para los recreos?

Los niños pasan muchas horas en el colegio y con frecuencia llegan después de haber realizado un desayuno apresurado y con frecuencia insuficiente, como hablamos en otro de los capítulos. Aunque el número de recreos pueda variar mucho en función de la duración de la jornada escolar (continua o discontinua), la mayoría de niños en esta etapa de Infantil y Primaria llevan algo para tomar en el descanso. Lo ideal es que esté alineado con las recomendaciones que se han señalado para la composición del menú escolar encaminadas a cubrir tanto las necesidades nutricionales como los demás aspectos relacionados con la comida (compartir, jugar juntos, etc.).

Le hemos pedido al Servicio de Dietas de Clínica de la Universidad de Navarra que nos describiera algunos ejemplos de qué pueden llevar los niños para el recreo que sea, por una parte, saludable, pero también apetecible (ver código QR o pequeño vídeo).

Mi niño/mi niña es muy mal comedor. Pienso que, si se queda a comer en el colegio, no va a comer prácticamente nada.

Hay veces en que las comidas en casa se convierten en una batalla, sobre todo en niños pequeños, entre 3 y 6 años. Se traduce muchas veces en enfados y regañinas o estar muchas horas delante del plato o en acabar comiendo una dieta muy selectiva. Con frecuencia oímos la recomendación del pediatra o de algún conocido o familiar que nos aconseja que le dejemos a comer en el colegio. Y, ¡o sorpresa!, los profesores nos dicen que en el colegio se lo come todo. Podemos llegar a pensar que en casa nos toma el pelo.

¿Qué pasa en el centro escolar que parece que las comidas no son un problema? En el colegio, las cosas están claras, llega la hora de comer y es una actividad más que hay que hacer dentro de la rutina escolar. El niño sabe que no tiene más remedio y suele acudir a ella con gusto porque además está con sus compañeros y todos hacen y comen lo mismo, una imitación que a los niños les gusta mucho. Hay monitores, pero la atención no recae en exclusiva sobre un niño en concreto, por lo que ese sentimiento de obligación no es tan agobiante para el niño, que se siente relajado y hace lo que todos los demás, comer. Come además lo que le ponen, que le puede agradar más o menos, pero ha aprendido que no le van a poner otra cosa. Y algo muy importante, tienen un tiempo para comer, el monitor intentará que coma, pero si no es así, el tiempo finaliza y simplemente no comerá. Se acabó el tiempo de dejar solo al niño hasta que termine su plato o hacerle que coma en la mesa de los profesores.

La presencia de una serie de reglas claras, así como la percepción de este momento como algo agradable en el que nos relacionamos con los demás en torno a un plato de comida, es lo que le suele faltar a los niños que después en casa no comen bien. Por eso es necesario que en casa se sigan una serie de rutinas fijas y que la hora de comer no sea un continuo de reproches, sino aprovechar este momento para hablar.

Además, las investigaciones muestran que los estudiantes que participan en programas de comidas escolares consumen más cereales integrales, leche, frutas y verduras durante las comidas, y tienen una alimentación de mejor calidad en general que los que no participan. Y tomar desayuno en la escuela está asociado a mejores tasas de asistencia, menos días de clases perdidos y mejores resultados académicos.

◀◀ **REBOBINANDO**

1. El comedor escolar, además de su función en proporcionar una adecuada alimentación, tiene una clara función educativa.

2. La composición del menú escolar se sigue por los principios de la dieta saludable, además de tener en consideración aspectos relacionados con la sostenibilidad y la disminución de los desechos.

3. Para algunas familias que tienen problemas en relación con las comidas, en especial en la etapa preescolar, el comedor puede ayudar a normalizar el momento de las comidas.

4. Debe enmarcarse el menú escolar dentro del plan nutricional de la familia en toda la semana, actuando de forma complementaria.

Referencias

1. *Libro Blanco de la Nutrición Infantil en España,* Zaragoza, 2015.

2. *Guía de comedores escolares*. Aparicio Fernández, Noemí, Ávila Torres, José Manuel, Ávila Salvatella, Irene, Chicón García, Jesús, Cuadrado Vives, Carmen, Ministerio de Educación 2008.

QR

Menú semanal

El comedor escolar

El 42,98 % de las familias con hijos o hijas en primaria en centros públicos utilizan el comedor todos los días.

El comedor escolar incide directamente en el bienestar infantil. Permite a los niños y las niñas acceder a una comida diaria, adecuada, saludable, esencial para el buen desarrollo físico, y es garantía y espacio para el disfrute de sus derechos: educación, alimentación, desarrollo, protección y juego.

Comiendo en la escuela se sigue el ritmo escolar y se incentiva la asistencia a clase o a las actividades de la tarde que repercuten en el desempeño académico.

El comedor tiene un claro impacto en el bienestar relacional, puesto que se trata de un espacio para compartir actividades y comida, desarrollando las habilidades sociales en un entorno adecuado y seguro.

10
La alimentación
del niño en una
situación especial

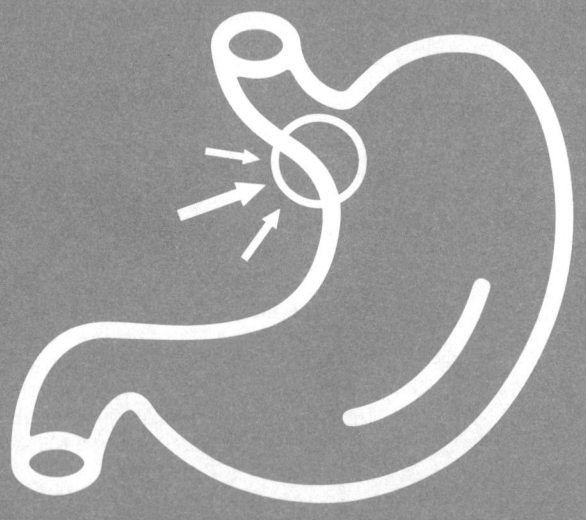

INTRODUCCIÓN

Un porcentaje elevado de los bebés y de los niños pequeños presentan algún síntoma relacionado con la alimentación. En la mayoría de ocasiones son solo muestra de la inmadurez del aparato digestivo y van a ir despareciendo con el tiempo sin necesidad de establecer ninguna modificación en la alimentación ni ningún tratamiento farmacológico. Por ejemplo, es muy habitual que los lactantes presenten regurgitaciones después de las tomas, en especial los primeros meses de vida, o que presenten episodios de llanto en algún momento del día y que tendemos a relacionarlo con su alimentación. En muchas ocasiones son motivo de gran preocupación para los padres y una de las principales razones de visita al pediatra. Esa preocupación junto con el hecho de que ocurra diariamente lleva la instauración de tratamientos, que en la mayoría de ocasiones son innecesarios. Una explicación detallada del porqué, junto con la demostración de que la salud del bebé es buena y sigue un crecimiento y desarrollo adecuados, es suficiente para evitar cambios innecesarios en la alimentación y el uso de fármacos. Con frecuencia me encuentro en la consulta que alguno de los padres —si no los dos— tiene o ha tenido molestias digestivas similares o que pueden recordar a los síntomas de sus hijos. Hay que recordar que mientras que en los bebés esos síntomas están más relacionados con el propio proceso madurativo y tienden a desparecer con el tiempo, los de sus padres pueden obedecer a muchas otras causas y no tener un carácter tan benévolo. En todo caso, unos y otros deben comentarlo, con el pediatra unos y con su médico de cabecera los otros. Hay que hacer mención de que en el entorno de muchos de estos trastornos se ha generado un negocio de actuaciones no siempre respaldadas por el conocimiento científico, e incluso en algunas ocasiones, con riesgos para el bebé. La falta de tiempo de los pediatras o las enfermeras de pediatría para resolver las dudas de los padres y la inexistencia de un remedio rápido para los síntomas han contribuido mucho a su proliferación.

En otras ocasiones, sin embargo, nos encontramos con enfermedades crónicas que obligan a modificar la alimentación del bebé de forma prolongada y, en algunas ocasiones como, por ejemplo, en la enfermedad celíaca, de forma permanente. La alergia a las proteínas de la leche de vaca ocurre en casi uno de cada 100 niños y niñas menores de 1 año, aunque en la mayoría de ocasiones desaparece antes de los dos años de edad. Hay también otras alergias a otros alimentos que en general son menos frecuentes, y que tienden a ser permanentes, como es el caso de la alergia a los frutos secos o a las legumbres. La celiaquía, que es una enfermedad en la que el propio organismo ataca a las células intestinales de niños con riesgo genético después de haber consumido gluten (una proteína presente en la mayoría de cereales: trigo, cebada y centeno), tiene una frecuencia de un caso cada 200 habitantes, aunque puede haber casos que pasan sin diagnosticar hasta años más tarde.

En este capítulo hablaremos, sobre todo, de los trastornos más frecuentes y que tienen que ver con el proceso de maduración de la función del tubo digestivo y solo alguna referencia a la alimentación de bebés con alergia a las proteínas de la leche y a la enfermedad celíaca.

TU PEDIATRA RESPONDE

Mi bebé tiene cólicos, ¿puede tener que ver con mi dieta —le estoy dando el pecho—?

Todos los bebés lloran. Lo hacen como una forma de manifestarse y no solo es respuesta a una necesidad de comer o como señal de malestar con las comidas. En general, un niño de 2 meses llora unas dos horas diarias y las horas más frecuentes son las del final de la tarde o el inicio de la noche. Muchos que tenéis niños pequeños lo experimentáis o lo habéis hecho.

Hablamos de cólico del lactante cuando la intensidad y la duración de esos episodios de llanto es mayor a lo esperado. El cólico del lactante (CL) se define como episodios de llanto intenso e inconsolable que suelen aparecer por la tarde-noche, acompañados de movimientos de encogimiento de las piernas y enrojecimiento de la piel, que no tienen por qué ser diarios, pero que ocurren por lo menos 2-3 veces a la semana y durante varias semanas. Aunque el niño previamente está bien, comienza a llorar de forma enérgica, se encoge y se pone rojo. Parece que tiene hambre, pero no se calma al darle de comer. Cuando cede el episodio, el niño parece sano, come y duerme bien y está contento. Los criterios diagnósticos más comúnmente utilizados son los de Wessel, quien define el CL como episodios de llanto intenso y vigoroso al menos tres horas al día, tres días a la semana durante al menos 3 semanas en un lactante por lo demás sano y bien alimentado. De una forma más sencilla, podemos decir que el niño con cólico del lactante es un bebé sano cuyo llanto es percibido como excesivo por sus padres.

Es multifactorial y su causa exacta se desconoce. Se ha relacionado con una relación padres-hijo alterada sumado al carácter dificultoso del niño. Estos problemas de relación son el resultado de la mala interpretación de las conductas del niño y de las expectativas incumplidas de los padres («los bebés comen y duermen»). Las actitudes de los padres no son la causa del cólico, pero sí contribuyen a perpetuarlo. La inmadurez y/o la alteración de la motilidad intestinal, la acción de las hormonas intestinales, el reflujo gastroesofágico o el exceso de gases intestinales probablemente deglutidos durante el mismo llanto, todos son factores que pueden contribuir al desarrollo del cólico. En algunos casos, es posible que sea la alergia/intolerancia a la proteína de la vaca la causa de estos. En esos casos, si es un niño amamantado podemos recomendar una dieta de exclusión de lácteos, huevo y soja a la madre durante un periodo entre 2 y 4 semanas para ver si se aminoran los episodios de cólico.

La medida más prudente es la educación sanitaria. Hay que tranquilizar a los padres e informarles de que es un proceso benigno y que desaparece espontáneamente entre los 3 y 4 meses de vida.

Desde que introduje alimentos sólidos en la comida de mi bebé, le cuesta mucho más hacer deposición. ¿Puede ser por algún tipo de alimento?, ¿qué podemos hacer?

El estreñimiento es uno de los problemas más frecuentes en el lactante. No todas las molestias que presenta un bebé cuando quiere evacuar son por estreñimiento. Por ejemplo, es mucho más frecuente que un bebé se ponga rojo y haga grandes esfuerzos cuando quiere hacer una deposición y que, sin embargo, lo que haga sea una caca blandita o incluso líquida —¡tanto para tan poco!—. Esta situación la llamamos los pediatras «disquecia» del lactante, fruto de una inmadurez en la coordinación necesaria para una defecación eficaz. Para conseguirla, es necesario coordinar acciones de empujar (con los músculos de la pared abdominal) y relajar

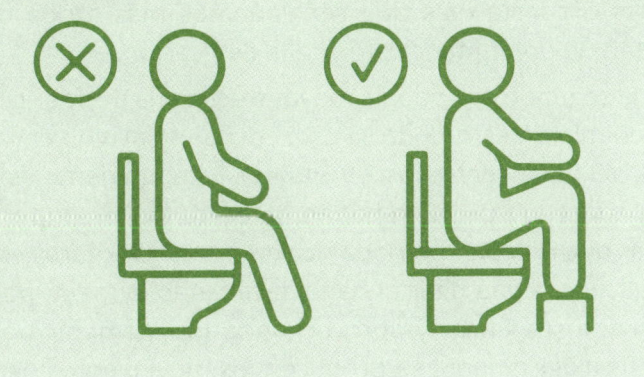
(los músculos del esfínter anal) y es un proceso que se aprende, mientras tanto, ¡a veces toca poner cara de sufrimiento!

Se entiende por estreñimiento cuando ocurre algunas o varias de estas circunstancias: menos de dos evacuaciones de heces por semana, heces que son duras, secas o grumosas o heces que son difíciles o dolorosas de evacuar.

Existen dos periodos en los primeros años de vida en los que puede aparecer el problema. El primero es cuando se pasa de una alimentación láctea exclusiva a la introducción de otros alimentos en la dieta (los «sólidos»), alrededor de los seis meses de edad. Muchas veces ocurre que la cantidad de líquido que consumen disminuye al reducir las tomas de leche, por eso, es aconsejable comenzar a ofrecer agua en ese momento.

No parece que sea ningún alimento en especial el que condicione estas dificultades en la evacuación, pero el uso de cereales de grano completo, fruta y verdura, preferiblemente no toda triturada puede ayudar a que no ocurra el problema o aliviarlo si ya está presente.

Tenéis que recordar que no hay una frecuencia de evacuaciones «ideal», por lo que no hay que preocuparse si no hay una frecuencia diaria, siempre que no ocurran algunas de las circunstancias que señalábamos más arriba o que existan un dolor manifiesto con la defecación.

El segundo periodo de mayor frecuencia de aparición de estreñimiento es cuando se está educando al niño en la retirada del pañal (entre los 2 y 3 años). Este momento es clave para conseguir un buen hábito defecatorio. Tan importante o más que una dieta variada rica en frutas y verduras es conseguir una rutina de ir al baño, facilitando la mejor postura para que sea eficaz y aprovechando los momentos en los que fisiológicamente se producen los movimientos de tránsito digestivos (un tiempo después de comer). Si vuestro hijo o hija no consigue hacer una evacuación con dolor, se esconde a la hora de tener que ir al baño, debéis comentarlo con el pediatra. Puede ser necesario que durante algún tiempo tengáis que ayudar a este proceso con algún fármaco que ayude a reblandecer las heces.

SABÍAS QUE

El 67% de los lactantes sanos de 4 meses tienen regurgitaciones más de una vez al día. La tendencia es a la mejora progresiva a lo largo del primer año.

Mi hija regurgita en todas las tomas. Me han comentado unas amigas que puede ser que le siente mal la leche. ¿Es verdad?

La regurgitación consiste en la emisión por la boca de pequeñas cantidades, generalmente de leche, después de las tomas. Es muy frecuente en la mayoría de los bebés, pero solo un pequeño porcentaje regurgita más de 4 veces al día. Normalmente es fruto de que el músculo que evita que el contenido del estómago vuelva a la boca no tiene el tono suficiente.

Se diferencia de los vómitos en que estos generalmente tienen más fuerza y pueden ocurrir hasta bastante tiempo después de las tomas.

Una regurgitación normal no afecta al bienestar del bebé. Siempre que el bebé no tenga molestias, coma bien y aumente de peso, no hay de qué preocuparse. Si tu bebé aumenta de peso, las calorías perdidas a través de la regurgitación no le afectan. Ten en cuenta que es fácil sobrestimar cuánto regurgita un bebé en función del tamaño de la mancha que provoca al regurgitar.

La mayoría de los bebés dejan de regurgitar antes del año de edad. Entre los 4 y 6 meses, a medida que el bebé se mantiene más erguido y sobre todo cuando la alimentación que recibe es más espesa que la leche, disminuye considerablemente su frecuencia y el volumen.

En la mayoría de ocasiones no es necesario nada más que hacer algunas recomendaciones: mantén a tu bebé erguido, alimenta a tu bebé en una posición más erguida. Después de cada alimentación, mantén la postura erguida durante 30 minutos. Evita juegos activos y el uso de una hamaca para bebés inmediatamente después de haberlo alimentado. Evita la alimentación en exceso. Darle a tu bebé cantidades más pequeñas con más frecuencia puede ayudar.

Solo y bajo indicación del pediatra puede ser necesario, en el caso de que se trate de un bebé alimentado con una fórmula infantil, sustituir por una fórmula antirregurgitación en cuya composición forma parte algún espesante —almidón de maíz o goma guar—.

Tengo un bebé de dos meses que, cuando termina de tomar, está inquieto y no para de moverse. He pensado que si le quito la lactosa, a lo mejor está más tranquila.

No siempre que un bebé está inquieto tras la comida significa que esta le siente mal. A veces ocurre que toma una cantidad mayor de la necesaria y solo con adecuar las cantidades a lo que verdaderamente necesita mejora el problema, sin necesidad de cambiar la leche.

Se atribuye erróneamente a la lactosa la irritabilidad que algunos bebés presentan con las tomas. Hay que recordar que la lactosa es el azúcar naturalmente presente en la leche de los mamíferos y también, por tanto, en la leche materna. Además de constituir una fuente de energía, favorece que en el intestino del bebé se desarrolle una microbiota intestinal con propiedades beneficiosas para su salud.

La intolerancia congénita a la lactosa es excepcional en los primeros meses de la vida (menos de 50 casos en el mundo, la mayoría de ellos en Finlandia). Un porcentaje de la población que varía considerablemente con la raza, puede hacerse intolerante a la lactosa con la edad, pero raramente antes de los 4 o 5 años (intolerancia congénita tardía).

Sin embargo, en algunos bebés y niños pequeños, tras una gastroenteritis aguda puede desarrollarse una intolerancia transitoria y puede requerir eliminarlo por periodos generalmente inferiores al mes.

¡A la lactosa, como en general a la leche, se le ha echado en los últimos tiempos las culpas de demasiadas cosas!

Acaban de diagnosticar a mi hijo de una enfermedad celiaca. Tiene 18 meses. ¿Qué cuidados en su alimentación debo tener?

La enfermedad celiaca consiste en una alteración en la absorción intestinal de diversos nutrientes, como consecuencia de la intolerancia a diversas proteínas presentes en el gluten, una proteína que se encuentra en algunos cereales (trigo, cebada y centeno). La enfermedad celiaca aparece fundamentalmente en niños, aunque más raramente puede iniciarse en los adultos. Su aparición requiere de una cierta predisposición genética, es decir, los niños que la padecen han heredado una cierta disposición a desarrollar la enfermedad. Como consecuencia de la intolerancia al gluten, se produce una reacción inflamatoria de causa autoinmune (las propias defensas atacan y destruyen a las células propias), la cual conduce a la destrucción de la mucosa del intestino delgado, lo que dificulta la absorción de algunos nutrientes de los alimentos.

La intolerancia al gluten es permanente, se mantiene a lo largo de toda la vida. Un régimen estricto sin gluten conduce a la desaparición de los síntomas y a la normalización de la mucosa intestinal.

Hoy día hay una gran oferta de productos sin gluten en el mercado. También en la mayoría de los restaurantes y en los comedores escolares se dispone de platos sin gluten. Además, hay muchos alimentos que no contienen gluten y que hacen posible que vuestro hijo pueda llevar una alimentación sana y variada y tenga un crecimiento normal.

El pediatra nos ha dicho que nuestro hijo de 4 meses tiene una alergia a las proteínas de la leche de vaca. ¿Qué alimentos no puede tomar? ¿Se acaba corrigiendo con el tiempo?

La alergia a las proteínas de la leche de vaca es la alergia a alimentos más común en los niños. Ocurre en los primeros meses de vida tras la introducción de unos biberones de leche para lactantes. Puede manifestarse como la aparición de ronchas en la piel o dificultad respiratoria o bien como un cuadro de vómitos, diarrea o estreñimiento, rechazo de la alimentación y dificultad para ganar peso.

El diagnóstico se basa en la presencia de una reacción positiva en las pruebas cutáneas (con una pequeña lanceta se introduce en la piel leche o fracciones de leche y se observa si se produce un enrojecimiento marcado o habón en la zona de la punción) o con una determinación de anticuerpos frente a las mismas en un análisis de sangre. Otras formas, sin embargo, se diagnostican al evidenciar una mejoría de los síntomas cuanto se retiran los lácteos de la dieta y un empeoramiento tras su reintroducción.

En las formas más leves, la evolución es hacia la curación (tolerancia a la leche) en los primeros años de vida. El tratamiento consiste en la retirada de la leche y de todos los productos lácteos y su sustitución por una leche infantil especial, apta para estos niños. En las formas más graves que pueden ocasionar una reacción anafiláctica, los padres deben tener siempre disponible una inyección de adrenalina subcutánea en caso de exposición accidental.

Exceptuando los productos lácteos, el niño o la niña pueden incluir el resto de alimentos en su dieta, incluyendo la ternera.

SABÍAS QUE

En España, entre el 19% y el 28% de la población presenta intolerancia a la lactosa. En países como Noruega, Bélgica u Holanda, el porcentaje de ciudadanos con intolerancia a la lactosa no supera el 5%. Mientras que, en países como Rusia o Turquía, se estima que este porcentaje podría ascender hasta más de un 70%.

Prevalencia de intolerancia a la lactosa en el mundo

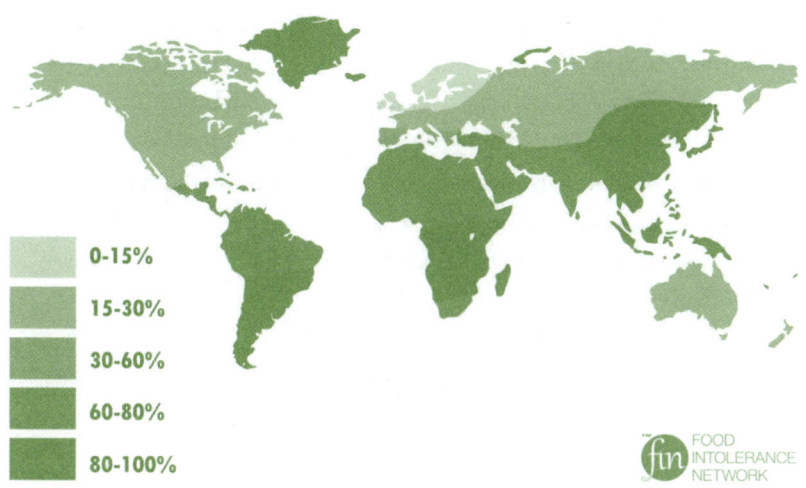

0-15%

15-30%

30-60%

60-80%

80-100%

FOOD INTOLERANCE NETWORK

1. Un porcentaje elevado de bebés presentan síntomas digestivos leves (regurgitaciones, dificultad para la evacuación, etc.) que son en general transitorios y fruto de la inmadurez de su aparato digestivo. En la mayoría de ocasiones no es necesario modificar la alimentación del niño.

2. Sigan el consejo de su pediatra antes de realizar cambios en la dieta del bebé. Recordar también que el uso de suplementos (productos a base de hierbas, vitaminas, probióticos, etc.) debe comentarse con un profesional de la salud.

3. Las dietas restrictivas (eliminar el gluten o la leche) solo deben realizarse cuando se ha comprobado que son la causa de los problemas digestivos del niño.

4. En los casos en que exista una enfermedad crónica que obligue a eliminar algunos componentes de la dieta, realizando una dieta variada se consigue un crecimiento y desarrollo adecuados.

Referencias

1. *Manual de Nutrición de la Asociación Española de Pediatría,* Comité de Nutrición y Lactancia Materna, Editorial Lúa, 2021 (disponible online en: https://www.aeped.es/comite-nutricion-y-lactancia-materna/nutricion-infantil/documentos/manual-nutricion-aep-2021).

2. *Vivir bien sin gluten.* Isabel Polanco · 2014, Editorial Planeta.

3. *La enfermedad celiaca.* Yolanda Sanz Herranz, María del Carmen Cénit Laguna, Marta Olivares Sevilla · 2016, Los libros de la catara (formato electrónico).

QR

Cookies sin gluten

Qué hacer si tu hijo presenta algunos de estos problemas

 **Bebé con reflujo:** evite la sobrealimentación u ofrecer comidas más pequeñas y con más frecuencia. Alimentar al bebé con alimentos más espesos. Mantener en una posición semiincorporada.

 **Bebé con cólico:** en ocasiones es aconsejable que, en caso de que el bebé esté siendo amamantado, la madre haga una dieta sin lácteos y, en ocasiones, sin huevo ni soja.

 **Alergia a las proteínas de la leche de vaca:** debe evitarse en consumo de la leche y todos los alimentos lácteos, no solo de vaca, sino de otros mamíferos. Sin embargo, puede consumir carne de vacuno.

 **Estreñimiento:** además de educar el hábito defecatorio, se recomienda limitar el consumo de lácteos y favorecer el consumo de alimentos ricos en fibra: frutas, en especial ciruela y kiwi, verduras, y cereales con grano completo.

11
Diferencias culturales en la alimentación del niño

INTRODUCCIÓN

En todos los países, la alimentación de sus habitantes depende de muchas cosas, como, por ejemplo, de la disponibilidad de los alimentos y de las costumbres. La mayor parte de las dietas tradicionales de los países son correctas.

Pocas o ninguna sociedad se opone a comer cereales, raíces, legumbres, hortalizas o fruta, que son la base de la pirámide alimentaria. De hecho, en general, la mayoría de problemas de malnutrición en muchos países pobres tienen que ver con la cantidad y no con la calidad de los alimentos.

Cuando se llega a un país diferente, las costumbres alimentarias pueden cambiar por varios motivos.

La manera de introducir la alimentación complementaria en el bebé tiene un fuerte componente cultural. Es decir, se suelen introducir los alimentos de forma que poco a poco se vayan adecuando a la dieta de la familia. Esto dependerá mucho de su cultura.

Además de estos condicionantes culturales, también la preocupación por el cuidado de la «casa común», la Tierra, así como componentes relacionados con la propia filosofía vital influye en la forma en la que comemos y en la que queremos alimentar a nuestros hijos.

Cuanto mayor es la variedad de alimentos que forman parte de una dieta, más posibilidades hay de conseguir una dieta equilibrada.

 TU PEDIATRA RESPONDE

Somos padres vegetarianos. ¿Existe algún riesgo si queremos alimentar a nuestro bebé siguiendo nuestra forma de pensar?

El alimento principal de une bebé durante los primeros meses de vida es la leche materna, que cubre los requerimientos de la mayor parte de los nutrientes. La alimentación complementaria contribuye, de forma progresiva, a ese objetivo a partir de los seis meses de edad.

No todas las dietas vegetarianas son iguales. Mientras que en aquellas dietas en las que se permite el consumo de lácteos y huevo (ovolactovegetarianas) el riesgo de deficiencias es excepcional y, por tanto, las necesidades de suplementos similares a las de los bebés que llevan una dieta omnívora, no ocurre lo mismo con las dietas veganas estrictas. Es necesario suplementar siempre con vitamina B_{12} y, en el caso de que se trate de una madre lactante que siga una dieta vegana, que consuma un aporte suficiente de vitamina B_{12}. En muchas ocasiones es necesario recurrir al asesoramiento de un dietista-nutricionista para realizar una dieta vegetariana adecuada.

La Asociación Española de Pediatría en un documento de posicionamiento publicado en 2019 señalaba: «Es por esto por lo que, a la luz de la evidencia disponible, a pesar de que seguir una dieta vegetariana en cualquier etapa de la infancia no signifique necesariamente que sea insegura, es preferible aconsejar que durante el periodo de lactante y en el niño de corta edad se siga una dieta omnívora o, al menos, ovo o lactovegetariana».

Acabamos de trasladarnos a vivir a España y tengo un bebé de 6 meses al que quiero comenzar a dar algunos alimentos distintos de mi leche. He visto las recomendaciones que dan los pediatras y son bastante distintas a las que se dan en mi país. ¿Cuál de las pautas es preferible seguir?

La alimentación en los niños sigue los principios de la disponibilidad de los alimentos y la tradición cultural. Es cierto que, en esta época de la globalización, las diferencias entre culturas cada vez son menores, aunque todavía puede existir cierto «choque» cultural cuando se comienza a vivir en un país con una cultura y una tradición gastronómica diferentes.

Cada población utiliza los alimentos que están más a su disposición o excluye algunos por tradición o preceptos religiosos. Al llegar a un país nuevo, algunos inmigrantes aceptan la dieta y las nuevas costumbres (aculturación), otros, sin embargo, mantienen algunas a lo largo del tiempo.

Las guías sobre una correcta alimentación tienen unos principios básicos universales, pero son flexibles en cuanto a la adaptación al medio y cultura de cada población, individualizando el tipo de alimento, el orden de su administración o su textura. El papel del pediatra y la enfermera es aconsejar sobre el uso de alimentos localmente disponibles (o similares, según las preferencias culturales).

¿Existen algunos alimentos o formas de alimentar que en ningún caso se deban seguir para alimentar a un lactante?

Hay pocas líneas rojas en las recomendaciones de alimentación de los bebés y de los niños pequeños. Hemos hablado con detalle de la importancia y los beneficios que confiere amamantar a un bebé. En caso de no poder hacerlo, es necesario utilizar una fórmula o leche infantil, al menos hasta los 12 meses. No se debe sustituir la leche materna por leche de vaca o de otros mamíferos o por bebidas vegetales antes del año. Tampoco se recomienda el consumo de miel o los productos que la contengan antes del año de edad pues la miel puede estar contaminada con la bacteria Clostridium botulinum que provoca un tipo de intoxicación de los alimentos denominado botulismo.

También hemos comentado que antes de los 4 meses no deben introducirse alimentos en la dieta distintos de la propia leche materna, y de forma ideal retrasar la introducción de los alimentos hasta cerca de los 6 meses, como ya hemos comentado en el capítulo de la alimentación complementaria.

Tampoco se recomienda usar determinadas verduras de hoja verde (espinacas, acelgas, etc.) en los triturados antes del año de edad, por la posibilidad de que preparadas con determinados tipos de agua den lugar a cuadros de metahemoglobinemia («niños azules»).

La alimentación de los pequeños no debe llevar sal añadida y hay que evitar aquellos productos que la contienen en grandes cantidades (p.ej., las sopas «de sobre»), ni tampoco añadir azúcar.

Por último, hay que recordar que aquellos alimentos duros que pueden soltar trozos pequeños al morderlos (como es el caso de los frutos secos) no deben darse en su forma entera antes de los 3 años, por el riesgo de que uno de esos pequeños trozos pueda irse hacia la vía respiratoria. Pero recordad que nunca se debe dejar solo a un niño pequeño mientras come, con independencia del alimento que sea.

¿Es mejor que los alimentos que uso para hacer la comida de mi hija sean de origen ecológico?

El que un alimento sea de origen ecológico u obtenido por agricultura o ganadería tradicional no añade ni quita valor nutricional a la dieta. Indudablemente los alimentos obtenidos de una forma respetuosa con el medio ambiente contribuyen mejor a la sostenibilidad del planeta y es muy respetable hacer opciones en este sentido. Pero también lo son evitar el desperdicio de comida y la sobrealimentación. Cuando tratamos de organizar la alimentación de nuestro hijo o de nuestra hija, hemos de velar, en primer lugar, por la variedad y el equilibrio nutricional. Las demás consideraciones: el origen de los alimentos, la proximidad, etc., aunque importantes, ocupan un segundo lugar.

SABÍAS QUE

Algunos niños pequeños que comen una gran cantidad de zanahorias o calabaza en su dieta tienen una coloración amarillenta, sobre todo en las palmas y en las plantas. Se denomina «carotinemia». Ocurre cuando comes en exceso alimentos ricos en betacaroteno, como zanahorias, batatas o calabazas. No necesita ningún tratamiento, pues es solo la acumulación de los betacarotenos (el «colorante natural» de estos alimentos).

1. La alimentación en las distintas culturas depende en gran medida de la disponibilidad de alimentos y de las costumbres. La mayor parte de las dietas tradicionales de otras culturas son correctas.

2. Aun con las diferencias culturales y/o religiosas, los niños pueden llevar una dieta variada que garantice un crecimiento adecuado.

3. Ninguna cultura incorpora a la alimentación de sus bebés alimentos que sean inseguros.

4. Conocer las tradiciones gastronómicas de las personas de otras culturas que conviven con nosotros no solo puede enriquecer nuestra alimentación, sino que contribuye a mejorar la convivencia.

Referencias

1. *La alimentación y la nutrición a través de la historia.* José Mª Sánchez Ripollés · 2005, Editorial Glosa.

2. *Mi familia vegana. Consejos de tu pediatra para una alimentación saludable y equilibrada.* Miriam Martínez Biarge · 2018, Roca Editorial libros (formato electrónico).

3. *Historia de la gastronomía.* Néstor Luján · 2019, Penguin Random House, Grupo Editorial España.

Cómo se alimentan en otras culturas

- La población de nacionalidad extranjera alcanzó los 6,34 millones de personas, el 13,1% de la población total de España, con hábitos culturales y gastronómicos diferentes.

- Marruecos, Rumanía y Colombia son los países que aportan una mayor cantidad de población.

- Alimentación en países del Magreb: Los alimentos empleados están marcados por las normas halal del Islam, por esta razón no se come el cerdo, pero sí existe como denominador común la carne de cordero y las aves. El más afamado y común de los ingredientes magrebíes es el cuscús. Algunos de los condimentos más comunes del Magreb son la pasta harîssa y el marinado de los pescados. El empleo de la menta en platos con carne es muy pronunciado.

- Alimentación en países de Europa del Este: En los países de Europa del Este, se preparan platos muy variados, utilizando los productos de la tierra, es decir, aprovechan la diversidad de alimentos que ofrecen los campos y los bosques. Esta cocina se caracteriza por utilizar productos locales, como el pescado, la carne, los vegetales, las hierbas y las frutas, entre otros. Además, usan una gran variedad de especias para darles sabor a los platos.

- Alimentación en países de Latinoamérica y el Caribe: Las comidas latinoamericanas son una mezcla y fusión de sabores, ingredientes y técnicas de cocina de África, Europa, India y propia de América Latina. Los frijoles, el maíz, la quinúa, el nopal, los tacos, las arepas, el ceviche, el chocolate, los nachos, el guacamole, la barbacoa, son alimentos que forman parte de la dieta diaria de muchos latinos.

12
Dietas
sostenibles

INTRODUCCIÓN

Existe cada vez una mayor concienciación social en relación al cuidado del medio. Esto implica, por una parte, disminuir la contribución del ser humano en la huella de carbono, el reciclado de materiales, la disminución del uso de plásticos, entre otras medidas. También la forma en que conseguimos los alimentos, el tipo de alimentación, tiene una gran relación con el cuidado del planeta. Hoy no se habla de alimentación saludable si no se añade el adjetivo «sostenible» después. Las dietas sostenibles «son aquellas que generan un impacto ambiental reducido y contribuyen a la seguridad alimentaria y nutricional, y a que las generaciones actuales y futuras lleven una vida saludable. Además, protegen y respetan la biodiversidad y los ecosistemas, son culturalmente aceptables, accesibles, económicamente justas y asequibles, nutricionalmente adecuadas, inocuas y saludables, y optimizan los recursos naturales y humanos», como señala la FAO, Organización de las Naciones Unidas para la Alimentación y la Agricultura.

En la tabla 1 se señalan algunas medidas que contribuyen a reducir el impacto medioambiental de nuestra alimentación.

Tabla 1. Consejos para reducir el impacto medioambiental de nuestra alimentación

- Procura que tu alimentación se base principalmente en **alimentos de origen vegetal: frutas, hortalizas, leguminosas, aceite de oliva virgen, cereales, frutos y semillas.**

- Consume **alimentos locales y de temporada**: toma conciencia de qué tipo de alimentos compras, el método de elaboración y su procedencia. Los alimentos ecológicos, pero *sobre todo los locales y de temporada*, son más sabrosos y minimizan la huella de carbono. Si un producto es muy barato, puede ser por su producción en otra parte del mundo y en condiciones laborales precarias, descuidando el medio ambiente y la seguridad alimentaria. Si consumes productos de proximidad km 0, mejoras tu salud, proteges la economía local y el entorno.

- Controla el desperdicio de alimentos planificando tus **menús**, ajustando la compra a los alimentos que vayas a consumir.

- Consume **pescado** solamente de reservas sostenibles.

- **Reduce el consumo de carne roja y procesada**. Recuerda que requieren mucha más agua y emiten más gases de efecto invernadero en su producción. Puedes encontrar excelentes fuentes de proteína vegetal en las legumbres (garbanzos, guisantes, lentejas, habas, judías o alubias, etc.) y en los frutos secos.

- Evita los productos procesados y ultraprocesados: se producen con métodos intensivos, utilizando grandes cantidades de energías fósiles para su elaboración y con envoltorios poco reciclables. Además, suelen tener un exceso de grasas, azúcares y sal.

TU PEDIATRA RESPONDE

Nos preocupa dejar para nuestros hijos un planeta más empobrecido, herido de muerte, y consideramos que con nuestra forma de alimentarnos estamos contribuyendo a ese daño. Pero también queremos que nuestros hijos crezcan de una forma sana. ¿Se pueden conseguir esos objetivos?

Sin duda. Y hay iniciativas que trabajan en ese sentido y nos acercan a la posibilidad de hacerlo real en la vida diaria. Una de ellas, cuyo enlace os dejamos en el apartado de referencias, es la del Centro de Estudios Rurales y de Agricultura Internacional (CERAI) y Garúa Intervención Educativa bajo la financiación del Ayuntamiento de Madrid o las guías de alimentación sostenible editadas por el Ayuntamiento de Barcelona.

Estas apuestas por una alimentación más saludable para la infancia y para el planeta tienen un impacto positivo que va mucho más allá de mejorar la salud de las niñas y los niños. Al favorecer la compra de alimentos de cercanía por parte de las escuelas y las familias, el sector agrario de la región se ve beneficiado. Y al acortar las distancias que recorren los alimentos y adquirir una parte de ellos de la producción ecológica, se contribuye a la mitigación del cambio climático. Os animamos a visitarlo.

Una alimentación saludable se define como aquella que es suficiente, equilibrada, variada, segura, adaptada al comensal y al entorno, y sensorialmente satisfactoria. Los modelos alimentarios más saludables se caracterizan por un consumo mayoritario de alimentos de origen vegetal, acompañados de pequeñas raciones de pescado, carnes magras, huevos y lácteos, y, para beber, agua. Es muy recomendable que los niños y las niñas puedan consumir productos frescos, locales y mínimamente procesados, como frutas frescas, verduras y hortalizas, pan y pasta preferentemente integrales, arroz, legumbres, frutos secos (hasta los 4-5 años en polvo o crema) y aceite de oliva, lo que supone la ingesta de hidratos de carbono, proteínas, fibra, vitaminas y minerales, sin una excesiva aportación de grasas de mala calidad.

¿Es cierto que nuestros hijos consumen demasiada proteína? ¿Tiene algún riesgo?

Sí, consumimos mucha más proteína de la que necesitamos. Nuestros hijos, también. Se consume una cantidad mucho mayor de la necesaria a través de carne, embutidos, fiambres, pescado y lácteos, fundamentalmente.

Además de ser innecesario para un crecimiento y desarrollo óptimos el exceso de proteínas en la dieta, obliga a trabajar «de más» a nuestro organismo. Además, se ha observado que un consumo mayor de proteínas en la dieta en los tres primeros años de vida se asocia a un riesgo mayor de desarrollar obesidad después.

El consumo excesivo de proteína animal en nuestra dieta está tan normalizado que no lo percibimos, y es responsable de importantes problemas de salud y grandes impactos medioambientales. Es importante, en todas las edades, que seamos conscientes de cuánta proteína es conveniente comer, y buscarla en alimentos saludables (legumbres, pescados de pequeño tamaño, carnes frescas y sin aditivos, huevos ecológicos, lácteos sin azúcar...). Pero ¿cuánta proteína debemos consumir? Según la Universidad de Harvard, la cantidad de proteína en el plato no debe superar el 25% del mismo. La Sociedad Española de Nutrición Comunitaria (SENC), muy en la línea de la OMS y la Agencia Española de Consumo, Seguridad Alimentaria y Nutrición (AECOSAN), recomienda el consumo de carnes blancas solo 2-3 veces por semana (unos

325 gramos por persona y semana) y el consumo muy ocasional de carnes rojas o procesadas (como mucho, unos 125 g por persona a la semana). Pero no se trata solo de comer menos alimentos de origen animal, sino también de apostar por métodos de producción más razonables: la ganadería extensiva y la ganadería agroecológica son aliadas del medio ambiente y del mundo rural, previenen los incendios, fomentan el bienestar animal, no contribuyen a la deforestación y fijan población en el territorio. Adquirir carne de ganadería extensiva o agroecológica apoya estas otras maneras de producir alimentos dentro de los límites del planeta.

SABÍAS QUE

El informe de la FAO revela que, en solo 20 años (desde 1990 a 2010), el consumo de ultraprocesados se triplicó en España. En 1990 suponían solo un 11% de las calorías totales consumidas por los españoles a diario. En 2000 el porcentaje ascendió al 24,6%. En 2010 los ultraprocesados ya suponían el 31,7% de la ingesta calórica diaria.

Oímos hablar mucho del «desperdicio alimentario». ¿Qué es?

Se puede definir el desperdicio alimentario como «aquellos productos agrícolas y alimentarios descartados de la cadena alimentaria que siguen siendo perfectamente comestibles y adecuados para el consumo humano y que, a falta de posibles usos alternativos, terminan desechados como residuo».

El desperdicio alimentario constituye un problema ético, al considerar que cerca de 1.000 millones de personas padecen hambre en el mundo, y que, sin embargo, en opinión de los expertos, podríamos ser capaces de alimentar a cerca de 12.000 millones de personas. Pero también es un problema ambiental. El desperdicio de alimentos daña el clima, el agua, la tierra y la biodiversidad. Según el informe de la FAO, «La huella del desperdicio de alimentos: impactos en los recursos naturales» de 2013, la asombrosa cifra de 1.300 millones de toneladas de alimentos que se desperdician anualmente no solo provoca grandes pérdidas económicas, sino también un grave daño a los recursos naturales de los que la humanidad depende para alimentarse. Y también es un problema económico, pues más de un tercio de los alimentos producidos en todo el mundo se pierden o se desperdician.

Aunque puede parecer que este problema es solo de los gobiernos o de las administraciones, en última instancia, ocurre también en nuestra propia casa. Y todos lo podemos hacer mejor. Por ejemplo, recupera la cocina de aprovechamiento y la creatividad en la cocina:

- Preparar caldos a partir de restos de carne, pescado y verduras.

- Aprovechar los sobrantes del pollo y del pescado para dar sabor a algunas recetas.

- Aprovechar la carne de los caldos para elaborar croquetas o pelota.

- Hacer tostadas o picatostes con el pan duro.

- Utilizar las sobras del día anterior combinadas con otros alimentos para crear platos nuevos.

- Aprovechar los trozos de verduras (el tronco del brócoli o las bases de los espárragos) para complementar cremas de verduras deliciosas. Las legumbres, la pasta, la carne, el pescado y las verduras sobrantes de la comida anterior se pueden congelar durante unos meses.

¿Por qué no debemos dar ultraprocesados a los niños y, si lo hacemos, que sea en pequeñas cantidades?

Los alimentos ultraprocesados se definen como formulaciones industriales elaboradas a partir de ingredientes refinados (almidones, azúcares, etc.) o productos sintetizados. Son alimentos ricos en azúcares libres, sal, grasas saturadas, ingredientes aditivos y conservantes, alimentos con baja calidad nutricional pero alta disponibilidad, durabilidad y palatabilidad. La mayoría de estos productos incluyen poco o nada del alimento original y carecen de valor nutricional, son productos preparados para calentar o consumir directamente, requieren poca elaboración culinaria y son muy asequibles.

Algunas de las consecuencias o desventajas que provocan los alimentos ultraprocesados son: el aumento de grasa corporal, lo que lleva a padecer sobrepeso u obesidad, el mayor riesgo de padecer diabetes a largo plazo, el aumento en los niveles de colesterol y un mayor riesgo en padecer enfermedades cardiovasculares, entre otras muchas más. Pero, cuando se consumen en edades muy tempranas, cuando se están adquiriendo los hábitos alimentarios, contribuyen a generar una mayor apetencia por los alimentos con mayor cantidad de sal y de azúcar o con más grasas saturadas.

Referencias

1. *Dietas Saludables Sostenibles. Principios Rectores.* Food and Agriculture Organization of the United Nations, Organización de las Naciones Unidas para la Alimentación y la Agricultura, Organización mundial de la salud · 2020.

2. *Alimentación Sostenible: comprar, cocinar y comer para preservar el planeta.* Tom Hunt · 2021. Cinco Tintas.

3. *Salud a ciencia cierta. Consejos para una vida sana (sin caer en las trampas de la industria).* Miguel Ángel Martínez-González · 2018, Planeta.

QR

Comida saludable y sostenible

Consejos para una alimentación sostenible

EQUILIBRA TU DIETA
Decántate por un régimen rico en verduras, legumbres, frutas y hortalizas.

REDUCE EL CONSUMO
Disminuye la cantidad de carnes, pescados y lácteos en tu dieta.

OPTA POR LO NATURAL
Olvídate de los precocinados, los transgénicos y los productos elaborados.

EVITA EL DESPILFARRO
Adquiere únicamente la cantidad de alimentos que vayas a consumir.

APUESTA POR LO ECOLÓGICO
Incluye en tu dieta productos libres de plaguicidas y fertilizantes.

CUIDA EL MEDIO AMBIENTE
Si consumes alimentos de temporada, reducirás las emisiones de CO_2.

APOYA EL COMERCIO JUSTO
Elige aliemtnos que promueven una relación comercial respetuosa.

ÚNETE A UN GRUPO DE CONSUMO
Te facilitará el acceso a productos locales sin internet.

13
El juego:
una forma de
actividad física

INTRODUCCIÓN

Cuando hablamos de hábitos de vida saludable, muchas veces olvidamos que además de llevar una alimentación adecuada y suficiente es necesario que vuestros hijos —¡pero también vosotros!— dediquen un tiempo diario a hacer actividades al aire libre, limiten el tiempo de pantallas y duerman un número suficiente de horas cada día. A estos aspectos nos referiremos de una forma breve en este capítulo.

Un informe de la Academia Americana de Pediatría titulado «El poder del juego: su función pediátrica para mejorar el desarrollo de los niños pequeños» señalaba cómo y por qué jugar con ambos padres y otros niños es fundamental para formar mejores cerebros, cuerpos y vínculos sociales que prosperen. Jugar puede mejorar las capacidades de los niños para planificar, organizar, llevarse bien con los demás y regular sus emociones. Además, el juego ayuda con el lenguaje, las destrezas matemáticas y sociales e incluso ayuda a los niños a sobrellevar el estrés. Jugar ayuda a nuestros pequeños a crear vínculos afectivos que generan en ellos seguridad y estabilidad, los protege contra el estrés y los ayuda a generar resiliencia emocional.

En la tabla adjunta se señalan las recomendaciones para el juego en cada etapa de la primera infancia, elaboradas por la Academia Americana de Pediatría.

DEL NACIMIENTO A LOS 6 MESES

- El aprendizaje divertido puede comenzar con la primera sonrisa del bebé. Responder con una sonrisa suya es una manera de jugar que, además, enseña al bebé una habilidad socioemocional fundamental: «puedes llamar mi atención y obtener una sonrisa mía cuando quieras: tan solo tienes que sonreír».

- Imite los gorjeos y balbuceos de su bebé y mantengan una «conversación» usando los sonidos del bebé como indicador.

- Muestre a su bebé objetos interesantes, como un juguete de colores brillantes. Permítale llevarse las cosas seguras a la boca para explorarlas y experimentar nuevas texturas.

- Coloque a su bebé en distintas posiciones para que pueda ver el mundo desde distintos ángulos.

DE LOS 7 A LOS 12 MESES

- Asegúrese de que su bebé cuente con un lugar seguro para gatear y explorar.

- Ofrezca a su bebé oportunidades de aprender que sus acciones causan un efecto: por ejemplo, cuando suelta un juguete y cae al suelo. Ponga algunos juguetes al alcance de su bebé para que pueda tomarlos y jugar con ellos.

- Use un espejo para mostrar a su bebé sus distintas expresiones.

- Jueguen a «no está... ¡acá está!»: esconda su rostro detrás de las manos y vuelva a aparecer.

DE 1 a 3 años

- Cuando elija guarderías y preescolares, busque los que ofrezcan tiempo de juego no estructurado. El aprendizaje divertido, en el cual los niños toman la iniciativa y siguen a su propia curiosidad, debería ser el punto de enfoque de la educación infantil temprana de alta calidad.

- Ofrezca a su hijo bloques de construcción, envases vacíos, cucharas de madera y rompecabezas. Los objetos sencillos y poco costosos constituyen algunas de las mejores formas de fomentar la creatividad de un niño. Recuerde: lo que enriquece a los niños es la presencia y la atención de sus padres y sus cuidadores, no los artefactos electrónicos sofisticados.

- Dé a su hijo oportunidades de jugar con otros niños de su edad. Esta es una buena edad para intentar tener un encuentro con otros niños para jugar supervisado por los padres.

- Ayude a su hijo a explorar su cuerpo mediante distintos movimientos, por ejemplo, caminar, saltar y pararse en una pierna.

- Ofrezca oportunidades para juegos de simulación, por ejemplo, simular estar bebiendo de un vaso vacío u ofrecer juguetes que permitan jugar a juegos de simulación.

- Lea regularmente a su hijo y junto a él. Fomente juegos de imitación basados en estos cuentos.

- Canten y jueguen con ritmos para que el niño pueda aprender y unirse a la diversión.

DE 4 a 6 años

- Proporcione oportunidades para que su hijo cante y baile.

- Cuente a su hijo historias y hágale preguntas sobre lo que recuerda.

- Dé a su hijo tiempo y espacio para representar escenas imaginarias, roles y actividades.

- Permita a su hijo intercambiar entre juegos imaginarios y reales, por ejemplo, jugar a las casitas y ayudar con las tareas del hogar.

- Programe tiempo para que su hijo interactúe con amigos y así practique la socialización y la formación de amistades.

- Aliente a su hijo para que pruebe una variedad de movimientos en un lugar seguro, por ejemplo, saltar, columpiarse, trepar y hacer volteretas.

- Limite el tiempo frente a las pantallas a un nivel saludable. Los medios adecuados para la edad pueden tener beneficios para los niños mayores, en especial si usted los mira con ellos y juegan juntos. Pero las interacciones sociales y los juegos en tiempo real son mucho mejores para los niños que los medios digitales para aprender.

- Anime a la escuela de su hijo a ofrecer recreos y enfoques de aprendizaje divertido además de formas más estructuradas del aprendizaje, como lectura, memorización y hojas de trabajo.

¿Qué actividad física deben hacer nuestros hijos?

Para los niños pequeños, antes de la etapa escolar, la actividad física es el juego. El juego constituye una de las formas más importantes en las que los niños pequeños obtienen conocimientos y competencias esenciales. Por esta razón, las oportunidades de juego y los entornos que favorecen el juego, la exploración y el aprendizaje práctico constituyen el fundamento de los programas de educación preescolar eficaces. Se aprende jugando.

En los últimos años, muchas escuelas han reducido o directamente quitado los recreos, para que los chicos tengan tiempo para más actividades académicas, o para prepararse para los tests estandarizados, situación que hasta los médicos alertan como «un riesgo» para los chicos. Un reporte de la Academia Americana de Pediatría (APP por sus siglas en inglés) alerta sobre la necesidad del recreo, espacio que define como «un componente crucial y necesario del desarrollo de un niño y, como tal, no debe ser retenido por razones punitivas o académicas».

«El recreo promueve el aprendizaje y el desarrollo social y emocional de los niños, ofreciéndoles un tiempo para interactuar entre compañeros y poner en práctica habilidades sociales esenciales. A través del juego en el recreo, los niños aprenden valiosas habilidades de comunicación, incluyendo la negociación, la cooperación, el intercambio y la resolución de problemas, así como las habilidades de autoestima, como la perseverancia y el autocontrol», explican los pediatras.

Más adelante, cuando los niños comienzan ya la etapa escolar además de seguir manteniendo el juego como parte importante de su educación, debe existir una actividad física diaria. Los pediatras recomiendan a los niños en edad escolar y a los jóvenes una hora diaria de actividad física intensa. Vemos con pena cómo, a diferencia de otros países de nuestro entorno, las horas de lo que llamamos Educación Física van disminuyendo en el *curriculum* escolar.

¿Por qué no es aconsejable que pasen tiempo delante de las pantallas?

Si algo ha cambiado la vida de nuestra sociedad, es la disponibilidad inmediata de información y comunicación a través de distintos dispositivos, generalmente móviles, todos dotados de «pantallas», generalmente con alta luminosidad y un cambio rápido de imágenes y contenidos. Esa capacidad de captar la atención es especialmente preocupante en los niños pequeños, quienes tienen en la curiosidad una forma de aprendizaje. Las pantallas «ensimisman», les privan de ese necesario contacto social. Teniendo en cuenta los conocimientos en cuanto a los beneficios del juego para los niños, parece que los juguetes electrónicos, debido a sus características, no les permiten interaccionar con los padres y otros niños, dos aspectos que son muy importantes para su desarrollo.

En cuanto a la utilización de juegos de vídeo y ordenador, móviles, televisión y pantallas en general, hay acuerdo en limitar el tiempo que dedican a las mismas:

- De 0 a 2 años: no se recomienda pasar tiempo delante de una pantalla.
- De 2 a 4 años: no se recomienda pasar más de 1 hora al día delante de una pantalla. En esta edad solo deberían jugar con juegos apropiados para su edad y acompañados por un adulto.
- Mayores de 5 años: no se recomienda pasar más de 2 horas al día delante de una pantalla.

Recuerdo que de niña jugaba mucho en el parque o en la calle. Ahora veo a muchos menos niños jugar en la calle. ¿Es importante el juego?

El juego en el patio, en el recreo era la forma —y lo continúa siendo— en la que los niños lo pasan bien, construyen amistades, fortalecen sus vínculos y se genera apego escolar, predispone a un mejor aprendizaje en las diversas asignaturas.

El juego al aire libre es considerado muy importante para el desarrollo intelectual, motor emocional y social de los niños. Equilibra y armoniza los aprendizajes intelectuales y los motores, integrando estas habilidades de manera coherente en la conducta del niño. Además, ofrece beneficios a la familia como un todo.

Volver a los juegos libres, activos y colectivos en el exterior traería el equilibrio a la rutina moderna de los niños. El tiempo de juego al aire libre mínimo recomendado para pequeños de 0 a 3 años es de 2 horas al día y entre los 10 y 12 años es de 1 hora al día.

Veo a veces en las noticias a niños o niñas muy jóvenes haciendo pruebas de resistencia o de gran esfuerzo, como p.ej. corriendo una maratón, ¿tiene algún riesgo?

No tanto por las repercusiones sobre la salud, de las cuales hay pocas evidencias científicas, sino sobre todo de las motivaciones que llevan a un niño de una edad temprana a medirse en un reto físico de tal calibre. La cuestión más importante y preocupante cuando se trata de maratones en edad temprana, sobre todo en niños menores de 10 años, es la motivación intrínseca de un joven corredor. «¿Por qué corre este niño? ¿Es porque tiene una familia de corredores y no quiere sentirse excluido? ¿Es algo que desean profundamente hacer?»; es probable que los niños pequeños no comprendan del todo lo que supone entrenar y correr un maratón.

Para un niño pequeño, más importante que el aspecto de competición que suponga el juego libre en esa etapa de su desarrollo es más valioso para desarrollar las habilidades motoras, la agilidad y la coordinación mano-ojo. Distancias de 10 km pueden ser más adecuadas.

¿Cuántas horas debe dormir nuestro hijo?

Dormir es importante en todas las etapas de la vida. Y para los niños, más todavía. Además, necesitan dormir un número mayor de horas que sus padres. Y si algo caracteriza a los tiempos actuales, de la prisa, la falta de tiempo, la intensidad por la cantidad de cosas que tenemos que hacer… y se lo acabamos restando al sueño, también al de nuestros hijos. La necesidad va desde las 12-16 horas de un bebé hasta la 8 a 10 horas de un adolescente (ver gráfico).

Al igual que hay una rutina para comer o para estudiar, también desde pequeños hemos de establecer una buena rutina del sueño. Ahí van algunas recomendaciones:

1. Debes saber cuánto deben dormir. Establece una rutina para alcanzar una meta dentro de esos parámetros. Hay un rango para cada grupo de edad, porque los niños difieren en su necesidad de dormir.

2. Limita el tiempo de pantalla antes de acostarse. Además, saca la televisión de la habitación. Los niños no deben exponerse al brillo de las pantallas eléctricas durante al menos una hora antes de irse a dormir. Algunos investigadores dirían que dos horas antes de acostarse es una idea aún mejor. (¡Esto también se aplica a los padres!).

3. Quédate con los mismos horarios para dormir y despertar. Sí, estos pueden cambiar un poco los fines de semana o durante las vacaciones, pero no deberían cambiar mucho.

4. Establece una rutina para acostarse que incluya actividades no estimulantes. Estas pueden incluir actividades como un baño, cuentos, oraciones o reflexiones diarias y acurrucarse.

5. Proporciona un buen ambiente para dormir. Oscuro, tranquilo y fresco son las tres palabras mágicas cuando se trata de dormir bien. A algunos niños les gusta una luz débil por la noche y eso está bien. Solo asegúrate de obtener una que sea lo más tenue posible.

¿Cuántas horas necesitan dormir los niños?

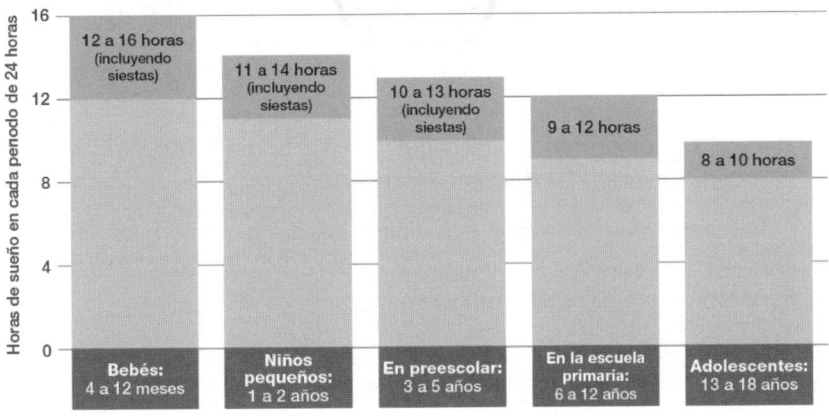

1. **Jugar es una actividad imprescindible para el buen desarrollo de los niños. Además de adquirir competencias y capacidades, es el lugar natural para adquirir las habilidades sociales, aprender a convivir y relacionarse.**

2. **En los niños mayores se recomienda que al menos hagan una hora diaria de actividad física moderada a intensa.**

3. **Los bebés y los niños menores de dos años no deben estar expuestos a las pantallas. Y en las demás edades, usarlas de forma progresiva y supervisada, nunca más de dos horas al día.**

4. **Un buen sueño en calidad y cantidad son una garantía de un buen desarrollo. Pero a dormir bien también hemos de enseñar a nuestros niños. Y todo aprendizaje exige planificación y tiempo.**

Referencias

1. *Jugar. Crecer y aprender jugando en familia.* Imma Marín Santiago · 2023, Ediciones Paidós (formato electrónico).

2. *Duérmete, niño. El Método Estivill para enseñar a dormir a los niños.* (edición actualizada y ampliada). Dr. Eduard Estivill · 2014, Penguin Random House, Grupo Editorial España.

3. *Buenas noches, Mia. Un cuento para ayudar a dormir a los más pequeños.* Olga Sesé, Irene Bofill · 2021, Beascosa.

Consejos sobre actividad física para niños y adolescentes

En los niños pequeños, su actividad física es el juego.

A partir de los 6 años, se recomienda la realización de actividad física moderada o vigorosa durante un mínimo de 60 minutos diarios.

La actividad física se recomienda en cualquier condición de salud. No solamente la debe practicar el niño sano.

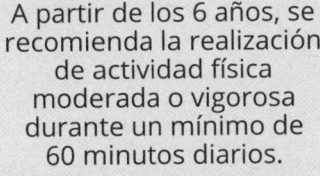

A la hora de hacer deporte, hay que asegurar el aporte de líquidos, sobre todo cuando la actividad es intensa y el ambiente, caluroso.